本书系2018年河南省社科规划年度项目"
新闻翻译研究"（项目编号：2018BYY005）的研

叙事学视域下的新闻翻译研究

沈国荣 李 洁 著

北京工业大学出版社

图书在版编目（CIP）数据

叙事学视域下的新闻翻译研究 / 沈国荣，李洁著. — 北京：北京工业大学出版社，2022.3
ISBN 978-7-5639-8278-3

Ⅰ. ①叙… Ⅱ. ①沈… ②李… Ⅲ. ①新闻－翻译－研究 Ⅳ. ① G210

中国版本图书馆 CIP 数据核字（2022）第 058419 号

叙事学视域下的新闻翻译研究
XUSHIXUE SHIYU XIA DE XINWEN FANYI YANJIU

著　　者：沈国荣　李　洁
责任编辑：任军锋
封面设计：知更壹点
出版发行：北京工业大学出版社
　　　　　（北京市朝阳区平乐园 100 号　邮编：100124）
　　　　　010-67391722（传真）　　bgdcbs@sina.com
经销单位：全国各地新华书店
承印单位：唐山市铭诚印刷有限公司
开　　本：710 毫米 ×1000 毫米　1/16
印　　张：10.75
字　　数：215 千字
版　　次：2023 年 4 月第 1 版
印　　次：2023 年 4 月第 1 次印刷
标准书号：ISBN 978-7-5639-8278-3
定　　价：68.00 元

版权所有　　翻印必究

（如发现印装质量问题，请寄本社发行部调换 010-67391106）

作者简介

沈国荣，河南工业大学副教授，在国内外核心刊物发表学术论文 16 篇，出版专著 2 部，出版教材 6 部；主持或参与完成教科研项目若干项。

李洁，郑州大学外国语与国际关系学院副教授，研究领域为应用语言学、翻译理论与实践、口译教学。

前　言

叙事学和新闻翻译有着十分紧密的联系。想要将新闻翻译工作完成好，译者需要有高度的使命感和责任感，以及深厚的语言功底。这是因为，翻译往往与国家形象有关。此外，在翻译过程中，有时候不但需要开展叙事交际，更要与他人竞争。为此，本书结合叙事学的理论对新闻翻译进行研究，期望通过构建当代新闻翻译叙事性的设计策略，为今后的新闻翻译研究提供启发和帮助。

本书共八章内容。第一章内容为相关概念，主要从三方面进行了介绍，分别为新闻传播、叙事学、新闻学。第二章内容为叙事与新闻翻译研究背景，主要从两方面进行了介绍，分别为国内外研究综述、新闻与叙事翻译现状。第三章内容为叙事学与新闻翻译的关联，主要从三个方面进行了介绍，分别为叙事学的经典演进、叙事学与新闻翻译的关系、叙事学与新闻翻译的结合。第四章内容为新闻叙事相关理论，主要从六方面进行了介绍，分别为叙事学中的结构理论、蒙娜·贝克的叙事理论、建构新闻叙事学、体裁分析理论、新新闻主义与非虚构叙事、文体学相关理论。第五章内容为新闻翻译的叙事主体，主要从新闻翻译的叙事接受、新闻翻译的叙事选材两方面论述。第六章内容为新闻翻译的叙事建构策略，主要从三个方面具体展开，分别是叙事时间、视角和结构，时空建构与文本素材的选择性采用，标示式符号建构与参与者的叙事再定位。第七章为叙事学视域下新闻翻译的实例，主要从相关新闻作品的背景、相关新闻作品的分析两方面论述。第八章为对于新闻翻译与叙事的思考，主要从新闻翻译与叙事的不同角度、新闻翻译与叙事的前景与展望展开分析。

本书系 2018 年河南省社科规划年度项目"叙事学视域下的新闻翻译研究"（项目编号：2018BYY005）和 2020 年度河南省教育厅人文社会科学研究一般项目（2020-ZDJH-414）的研究成果；获得河南工业大学社科创新基金支持计划项目"外国语言文学与国际汉学研究团队"（项目编号：2021-SKCXTD-13）资助。

在撰写本书的过程中，笔者得到了许多专家学者的帮助和指导，参考了大量的学术文献，在此表示真诚的感谢。本书内容系统全面，论述条理清晰、深入浅出，但由于笔者水平有限，书中难免会有疏漏之处，希望广大读者及时指正。

目 录

第一章 相关概念··1
第一节 新闻传播··1
第二节 叙事学··3
第三节 新闻学···13

第二章 叙事与新闻翻译研究背景······································34
第一节 国内外研究综述···34
第二节 新闻与叙事翻译现状···36

第三章 叙事学与新闻翻译的关联······································44
第一节 叙事学的经典演进···44
第二节 叙事学与新闻翻译的关系·····································47
第三节 叙事学与新闻翻译的结合·····································48

第四章 新闻叙事相关理论··56
第一节 叙事学中的结构理论···56
第二节 蒙娜·贝克的叙事理论·······································67
第三节 建构新闻叙事学···69
第四节 体裁分析理论···70
第五节 新新闻主义与非虚构叙事·····································71
第六节 文体学相关理论···75

第五章 新闻翻译的叙事主体··85
第一节 新闻翻译的叙事接受···85
第二节 新闻翻译的叙事选材···87

第六章　新闻翻译的叙事建构策略 ·89
第一节　叙事时间、视角和结构 ·89
第二节　时空建构与文本素材的选择性采用 ·131
第三节　标示式符号建构与参与者的叙事再定位 ·136

第七章　叙事学视域下新闻翻译的实例 ·139
第一节　相关新闻作品的背景 ·139
第二节　相关新闻作品的分析 ·140

第八章　对于新闻翻译与叙事的思考 ·147
第一节　新闻翻译与叙事的不同角度 ·147
第二节　新闻翻译与叙事的前景与展望 ·154

参考文献 ·161

第一章 相关概念

本章的内容是相关概念。本章主要对"新闻传播""叙事学""新闻学"等内容进行了分析。

第一节 新闻传播

一、新闻传播的概念

新闻传播是指从新闻媒介发出新闻到广大受众接收新闻的空间延续过程。虽然有些新闻刊载在报刊上、安排在广播电视的新闻节目里，但受众不愿阅读、收看，因此，这些新闻就没有实现传播。所以，传播是以受众接收新闻为终点的，而受众对新闻的反应强度和给社会带来的利害构成新闻传播的社会效果。从学术意义上来看，新闻传播学就是对新闻传播原理和技术进行研究的学科。在我国的教育体系中，新闻传播学是研究新闻活动、传播活动及其他各种信息传播现象的国家一级学科。新闻传播学又可具体分为新闻学和传播学两个大类。新闻学这一大类包括新闻实务、新闻学、新闻史等。传播学则包括广告学、广告传播、影视文化、媒介经营管理、舆论学、文化产业活动等。

新闻传播具有感性化、即时化的特点。感性化指的是直接诉诸人类感官并借此传达人类心理情感的传播方式和结构形态。电视媒介以声画同步的方式将信息传递给观众，这些影像符号能够更加直接地作用于人类的感官，从而产生综合的感觉联动和统一的认知效果。相较于报纸带给观众的视觉效果，电视传媒以更加生动、更加鲜活的形式完成了信息的传播。以"芦山地震"为例，虽然大量的报纸媒体都对灾情进行了详细报道，并配有大篇幅的图片，但仍然不及电视新闻的现场采访更有冲击力、更能引发受众对灾民的同情与关怀。由此可以看出，如何充分发挥电视传播的感性化特征，将是我们更新电视新闻观念、改进电视新闻业务的重要任务。即时化是指新闻传播在电子媒介技术的支持下，能够即时、同步地采录并传递信息，有效地排除了由地理、时空的差距所造成的信息延时，从而使信息源和信息终端之间实现了零距离的信息交换，其中最典型的传播形态就是我们日常所看到的现场直播。在过去，人们往往采用录播的形式进行新闻信息的传递，因而普遍存在延时的问题。而电视新闻传播则实现了即时化，不仅仅是新闻时效性对媒介传播活动的要求，更是媒介技术对人类把握世界潜能的开发。从浅层来看，录播与直播的区别在于运作模式的不同，而从更深层意义上来看，录播与直播则体现出两种新闻传播观念上的差异。

二、新时代的新闻传播

（一）概况

在以往，人们接收信息的主要渠道是报纸、电视、广播等传统媒体。不可否认，传统媒体确实曾为我国的信息传播带来了便利，满足了人们对信息接收的需求。但随着互联网科技的进步，传统媒体由于具有更新速度慢、信息传播渠道少等局限性，已经不能满足当下人们对信息接收的需求了。随着新媒体的崛起，人们通过手机、电脑等信息接收工具，利用各类视频、网站等皆能在第一时间接收到想要的信息、新闻，且能够参与社会舆论的讨论，这是传统媒体所不具备的特点。数据传输、网络平台等不断丰富了新媒体的内涵。在新媒体时代下，各类信息传输的速度极快，前一分钟发生的事情后一分钟就能出现在网络上，尤其是一些娱乐新闻、地震灾害、名人故事等。如今，新媒体已经成为人们生活的一部分，也是这一时代的标签之一。

在这样一个任何人都能够通过网络进行沟通、获取信息资源、实现资源共享、参与社会舆论的信息化、网络化的时代，新闻传播也迎来新的发展。

（二）特点

1. 新闻传播数字化

电视新闻的发展离不开高速发展的电子信息技术。因此，传播技术的发展对电视新闻的改革具有深远的影响。在新时代背景下，电视新闻正逐步走向数字化，并取得了巨大的成功。数字化的发展趋势应当分为两个层次来看，分别为数字化和数据化。

数字化发展到一定程度，数据化才有可能实现。所以说，数据化以数字化为基础，并提高了信息储存、加工和处理的能力，而且具有更强的交换数据包的技术。数据化的实现必然会促使电视新闻在技术方面、装备方面的改进，电视新闻的传播也将进入全新的数字化时代。随着数字化新闻传播的实现，电视记者的身份也将相应转变，即成为"数字化记者"，在世界上任何角落进行新闻的采集都可以实现现场报道。

2. 新闻节目直播化

新闻直播分为新闻现场直播和新闻节目直播两种。广播电视的直播是"节目直接播出"的简称，即不经过任何预先录音或录像，直接播出现场情况或表演等。直播是在一个完整的时空里同步展现事件的发生过程的。从信息传播的角度来看，直播具有两个主要功能，分别是展现和报道。目前，现场直播新闻最多的是中央电视台新闻频道，经济水平较高的省、市级电视台也经常采用直播报道的方式。现场直播只需要通过简单的微波传输设备就可完成，而小型的卫星直播车则可以实现距离较远的现场直播，所以，电视新闻的发展必须以高新技术为依托，而直播化也将成为新闻传播的必然发展趋势。

第二节　叙事学

叙事学主要涉及对叙事语篇的分析，有广义和狭义之分。广义叙事学研究叙事的性质、形式和功能，并试图解释叙事能力的特征；而狭义叙事学研究的是作为时序相连的事件和情境的语言表现。

一、"叙事"的定义

《小蝌蚪找妈妈》《小马过河》《乌鸦喝水》等都是我们每个人听着长大的故事。叙事是人类的本能。叙事的历史可追溯到远古时期，与人类历史相当。古人通过神话故事、岩石作画等手段记录事件、传递信息，这是最初始的叙事。但是，自古以来，正是由于人类对叙事熟视无睹，所以不屑于关注和研究叙事，认为叙事是人类无师自通的本领。

那么，什么是叙事？通俗地说，就是通过影像或符号展示或再现发生在特定时空里的事件。考察人类社会发展史，不难发现叙事与科技发展有着密切关系。从原始社会的口口相传，到后来的文字记载，再到无线电通信，人类叙事的手段和媒介已经发生了巨大变化，从开始叙事到收到叙事信息的时间即受述过程大幅缩短，甚至同步进行。

可是，叙事对事是有要求的。截至目前，虽然叙事学家对因果关系是叙事的前提条件的争辩尚无定论，但是叙事必须是两个及以上事件或状态的改变已是共识。美国学者阿伯特（Abbott）在《剑桥叙事学导论》中指出："我开车上班。（I go to work by car.）"就是叙事，因为这句话涉及"开车"和"上班"这两件不同的事。

学者斯科尔斯（Scholes）和凯洛格（Kellogg）认为叙事是具有以下两个特征的所有文学作品：一个故事和一个故事的讲述者。学者普林斯（Prince）对叙事做了相似的界定，他认为叙事是由一个、两个或几个叙述者对一个、两个或几个受述者叙述所形成的一个或多个真实或虚构的故事。在这个定义中，普林斯大写了EVENTS（事件）、NARRATORS（叙述者）和NARRATEES（受述者）这三个词，强调叙事的必要构成成分是事件和叙受双方。

英国叙事文体学家图伦（Toolan）认为，斯科尔斯和凯洛格对"叙事"的定义不足以区分叙事和非叙事。他指出，叙事应是按一定顺序排列的、相关联的事件，而事件进一步被定义为状态的改变。无独有偶，英国文体学家辛普森（Simpson）在《文体学》中也对"叙事"给出相似的定义：叙事是用语言模式配合一系列相关联的事件来重述经历的方式。他认为，最微型的叙事包括两个以时间顺序相连的句子，如果改变两个句子的顺序，人们便会对被叙述的事件的时间顺序产生不同的理解。尽管存在一些差别，大多数叙事学家认为，叙事应该包含至少两个以时间顺序相连的事件，以及某种状态的改变。但是，一些叙事学家如拉波夫（Labov）过分强调了叙事的时序安排。图伦列出了拉波夫对叙事的定义，即叙事的支柱是以时间顺序安排的独立小句，这些小句必须以一种固定的顺序出现。拉波夫进一步解释道：不是说这些叙事小句的顺序不能改变，而是说如果改变它们的顺序，所讲述的故事就必然改变。显而易见，拉波夫在其叙事研究中无视时序技巧。在叙事中，事件顺序的安排并不是固定不变的；相反，对事件顺序的个性化安排是现代小说常用的技巧，这种技巧被叙事学家热奈特（Genette）命名为"时序倒错"。顾名思义，"时序倒错"指叙述者可以通过打乱、重组各个事件的顺序，达到表现某个特殊的主题、塑造某个特殊的人物形象的目的。时序倒错在文学作品中俯拾皆是。不过，叙述如果以阐释主题为目的，应仅关注较大范围的时序倒错现象。尽管从古至今的文学作品中都存在时序倒错现象，但是在现代小说中，时序倒错呈现出一番新的面貌，成为重要叙事技巧之一。

比较各种叙事的定义，著名汉学家浦安迪（Andrew H. Plaks）对叙事的定义更合理。浦安迪认为，对于叙事来说，人物比其他任何因素都重要。简

第一章 相关概念

单说来，叙事是作者通过讲故事把生活的本质和意义传达给受众的。当然，这里所说的生活本质和意义并不是千百年来哲学家们争论不休的客观和绝对的真理，而是作者基于亲身体验对生活的个性化理解。浦安迪认为，叙事与抒情诗、戏剧构成了文学的三种体式。叙事与后两者的不同在于：叙事揭示生活真谛的途径是呈现一个经验流。尽管经验流也暗含着上述叙事定义中提到的状态改变，但是浦安迪对叙事的定义非常清楚地强调：这个经验流不仅是陈述一个事件，还是分享关于生活的体验和感受的媒介。因此，与其他叙事的定义相比，浦安迪的定义更鲜明地体现了以人为本的思想。浦安迪反复强调叙事是人类社会的一个基本文化功能。这种以人为本的叙事观在其他叙事学家的定义中也有一些表述。比如，图伦这样描写叙事：叙事是其中发生了对人来说有趣的事情的文本。这也是把人置于叙事界定的核心地位。学者韦尔斯（Welles）认为，归根结底，叙事是由重要的或有趣的、真实的或虚构的事件构成的故事。尽管许多现代派作家为了表明自己的作品是客观呈现的，而拒绝承认自己与作品之间的联系，但是人们仍然没有理由否认叙事源于作家对生活的个性化体验。

单单强调叙事的以人为本特性还不足以区分叙事和非叙事，人们仍然需要进一步清楚地界定叙事的范围。尤其是当后现代主义小说家"削平人物""削平情节"的做法蔚然成风，而后结构主义者更是在文学批评领域强化这种思潮的情况下，更需要清楚界定叙事的必要成分，使之不至于丧失其特质和生命力。在我们看来，一旦叙事作品中的人物和情节被削平到一定程度，叙事也就不再能被称为叙事了，曾经给予我们祖先无限乐趣和精神滋养的叙事也就行将终结了。为了能够坚守传达生活体验的地位，叙事应该维持自身的基本成分，即故事。否认它，叙事就可能完全沦为人物意识的载体。

综上所述，要想了解一件事情的本质，就要先了解它的起源与发展，要想了解叙事性理论，就要从最基础的叙事做起。叙事，简言之就是叙述一段由文字编排出的故事。西方学者对叙事的研究时间较早，对叙事的定义也有着不同的看法，尚必武教授将西方学者对叙事的定义分为三大类：故事重现、文本种类和跨领域研究。故事重现就是同样的故事或事件再一次的呈现；文本种类即根据不同类型的文本，如叙述文本、描绘文本或者议论文本等；跨领域研究是指超越文学领域，叙事会涉及更多的学科领域。叙事不只存在于文学作品里，也存在于电影作品、绘画雕塑、建筑空间中，既定的条件是有叙述事件的人以及被叙述事件的人。

二、叙事的故事和话语

本书沿用了叙事学家在区分叙事层次时使用的经典概念——故事和话语，但对这两个概念的界定稍微有些不同。由于本书是有关叙述和新闻的综合分析，所以在对叙事层次划分和界定的同时综合了各种技巧。以往的叙事学把话语界定为使用各种叙事技巧的产物。本书的界定是：话语是叙事技巧和文体技巧综合作用于基本故事层的产物。考虑具体的细节选择，本书所划分的叙事层次并不沿用传统的形式和内容。明确地说，这里不完全采用普林斯给出的基本故事层的定义，即故事是叙事的内容层次。同样，也不完全采用他给出的话语的定义，即话语是相对于内容层或故事层的表达层。本书仅在广义上接受"话语是叙事的表达层"这一说法；也就是说，把基本故事视为出发点，强调话语是多种因素综合作用的产物，包括叙事技巧、文体技巧和具体细节的安排。

至于基本故事，我们需要进行更加详细的解释。不可否认，在叙事中，要找出图伦提及的那种前艺术的且只受制于文类规约和创作传统的基本人物、事件模式的叙事几乎是不可能的，也很难找到一个似乎跟作者不太相关的层次。但是，对于大多数叙事作品来说，读者是可以从中找出最基本的构成成分的。本书不认为这个基本成分的集合体——基本故事，丝毫不带有作者个性创作的痕迹。相反，这个所谓前在的基本故事也是作者艺术构思的一部分，是整篇叙事展开的基础。

这里所说的基本故事包含一些技巧，这些技巧也并不是与某特定主题的表达直接相关的。同样，在话语层次，也只有那些连贯的、被前景化的技巧才应该进入分析者的视野。为了研究话语层面的技巧，必须假设存在这样一个基本的故事层面，在该层面上的作家几乎不会刻意地运用技巧来表现主题和塑造人物形象。

不过，即使对故事层面事件的自然顺序做出假设，也并不可以绝对先于作家的主题考虑。解构主义者卡勒（Culler）以戏剧《俄狄浦斯》为例指出，在故事层面上，所谓事件发展的自然顺序可能也是具有欺骗性的，使读者想当然地认为该顺序是外在于作家的特定艺术构思的。通过解释该剧中故事层和话语层之间的悖论式关系，卡勒指出每一个叙事都包含双层逻辑：一方面它把故事情节展现为似乎是先于或独立于某种特定视角的，另一方面它又暗示这些事件的选择恰恰受制于该叙事的主题结构。应当承认，对于《俄狄浦斯》这部旨在展示命运之神秘莫测的古希腊戏剧来说，在情节的选择和安排上确实可能存在这种悖论式的逻辑。但是，不能因此认定所有的叙事作品都不存在一个接近于现实的自然顺序。相反，在大多数叙事作品中，作者可以构建出一个基本独立于该叙事主题表达、按照人们对日常生活体验的顺序排列的故事。

针对解构主义学家的上述质疑，可以把叙事作品中的一些不确定的情节视作作家出于美学或主题考虑在话语层面添加的，因而不应包括在故事层面。比如说，福克纳的《八月之光》的叙述者自始至终都没有告诉人们是不是乔杀了乔安娜，读者听到的只是布朗这个财迷心窍的人物提供的乔谋杀乔安娜的证词，这显然不足为信；而拜伦或小镇民众对该事件的讲述也以布朗的版本为基础，因而也不足为凭。对于此类事件，即使要把它们归入基本故事中，也应该清楚地标出它们是不确定事件。在标示了这些事件的不确定性后，人们便可以在话语层面上比较这些不确定事件的不同处理方式，尤其可以比较人物叙述者和非人物叙述者对不确定事件进行的不同版本的讲述。

综上，本书并不声称可以剥离叙事中的所有叙事技巧和文体技巧来得到一个真正核心的基本故事，也不试图给故事层面下一个绝对的定义。在叙事研究中采取的人性化立场，在此也同样适用。在描述叙事的故事层面时，只能尽量减少作者的个性化创作痕迹，包括叙事技巧和文体技巧。在理论上，仍借用先前叙事学家所描述的故事要素，包括核心事件、功能人物、地理位置，以及事件安排。除此之外，作为一个完整的基本故事，上述各种因素不应该是散置于其中的，而是由一些必要的关系连接的整体。

三、叙事技巧

（一）热奈特的叙事技巧

热奈特以法国小说家普鲁斯特（Proust）的现代小说《追忆似水年华》为例，解释了三种主要的叙事技巧：时态、语气和声音。热奈特认为，作为叙事技巧的时态指的是故事时间和话语层面时间之间的关系。时态包括三种时间技巧，即时序、时长和频率。热奈特进一步解释时态研究话语层面情节线索的安排：各个情节线索并不是都按事件发生的先后相连的，而是以特别的连接、交错和嵌套的方式组成的。

（二）巴尔的叙事技巧

荷兰叙述学家巴尔（Bal）的叙事学研究在很大程度上以热奈特的叙事学理论，尤其是热奈特阐述的时间技巧为基础。巴尔也把时间技巧分为三类。在三类时间技巧的命名上，她借鉴了热奈特的命名，比如频率。尽管针对表示事件持续时间长短的概念,她没有采用热奈特的术语时长(duration),但是她的新命名节奏(rhythm)包括的具体技巧,除了减速(slowdown)之外,其他的几项(如省略、总结、场景和停顿等)都沿用了热奈特的命名。就时序而言,她用的相应顺序(sequential ordering)也与热奈特的顺序(order)并无二致。

四、叙事频率和节奏

(一)叙事频率

叙事频率指的是一个事件在故事中出现的次数与该事件在文本中被叙述次数之间的关系,包括单一叙述、多事多述、一事多述、概括叙述等形式。不同新闻传播主体的叙事频率有所不同。

(二)叙事节奏

相比之下,《智族GQ》因以人物介绍与其经历分享等背景资料的展现为主,在对某一事件进行深度报道方面稍微欠缺,因此其特稿普遍偏向节奏缓慢的叙事。

五、叙事结构

上文把叙事结构定义为一部叙事作品呈现出的形态,这是对叙事结构的最简单描写。中外学者并没有在叙事结构的认识上达成统一,众多叙事学研究者对叙事结构的具体认识可能会大相径庭。先看一些比较有代表性的叙事结构阐释,从而进一步归纳出本研究理论框架所采用的叙事结构概念。

西方叙事学研究的鼻祖亚里士多德在《诗学》中重点关注的是事件的结构和情节的构成。

在很多叙事学家看来,早期的叙事作品,相对于现代、后现代的叙事作品,呈现出较单一、透明的叙事结构。英国文体学家福勒(Fowler)认为,每一类叙事都有其特殊的外部结构。福勒进一步解释说,他所指的结构只是指各部分之间明显的线性顺序。他以悲剧为例,指出雅典悲剧明显呈现出序曲、合唱、情节、合唱和结尾的结构,而新古典主义悲剧则遵循五幕结构。

归纳出文学体裁的基本结构特征固然有助于人们理解该文类的特征,但是难免有以偏概全之嫌。对于文学创作来说,创造性和个性化是其生命力的源泉。如果给文学创作套上一个模子,文学便会成为一个机器大生产的产物,从而失去个性化的魅力。在新古典主义时期,严格的形式要求使得这一时期的大多数文学作品如出一辙，用严格的条条框框扼杀了很多文学创作者的创作冲动，这是文学创作领域的一大悲剧，它告诫人们不要把文学创作视作一个受形式制约的东西。英美文学史生动展示了这样一个规律，即在形式化创作压抑个性和创造力的时期之后，便会出现一个极度张扬个性的时期。新古典主义时期教条的"三一律"使得那一时期的文学界相对贫瘠，而紧随其后的浪漫主义时期则把个人在文学创作中的地位提升到了前所未有的高度。

相比早期的文学作品，现代小说被认为更富有形式技巧的变化，所以吸引了更多叙事学家的关注。学者申丹指出，亨利·菲尔丁（Henry Fielding）是第一位强调小说形式重要性的小说家。总的说来，包括菲尔丁在内的早期小说评论家关注的文学叙事形式多是叙述者的角色和叙述的线性顺序。

其实，把某些叙事技巧贴上现代的标签是有些武断而冒险的说法，因为人们有时根本无法断定哪些叙事技巧在早期叙事中从未被应用过，而直到现代才出现。正如学者科默德（Kermode）所说的那样，与其说技术家们发明、创造了一部新的小说，倒不如说他们是在传统发展中已经出现的技巧。热奈特所提出的那些叙事技巧没有得到早期叙事评论家的关注，可能是因为它们在早期叙事中并没有被作家有意识地大规模应用。因此，相比较而言，这些所谓的现代技巧在早期叙事作品中通常呈现出零星、散漫的特点，并对主题表达、人物塑造的影响相对较小。

始于20世纪初的现代主义文学创作对个性的张扬是空前的。所有接触过现代主义小说的人都不会否认这一时期的文学创作非常重视技巧的应用。时序错乱在现代小说中是司空见惯的。当然，时序错乱绝不是现代小说的专利，从荷马（Homer）到托妮·莫里森（Toni Morrison），这些作家都在叙事话语层面运用了时序倒错的技巧，只是这种技巧在现代小说中被更大规模地应用，并与主题和作家的世界观具有更密切的联系。除时序倒错之外，其他几种叙事技巧也在这一时期的文学作品中得到广泛应用。

现代小说家亨利·詹姆斯（Henry James）极重视叙事作品的整体结构安排。他认为，要把原本杂乱无章的题材连缀成一个有机的叙事整体，需要一个结构中心（或逻辑中心）。对詹姆斯有所耳闻的学者或许都知道，他所说的逻辑中心是指意识中心，所有的情节都围绕其展开，所有的形式技巧也都依附着这个意识中心。他的小说《鸽翼》是对这一技巧的大规模尝试。在该小说中，詹姆斯通过三个人物的视角展开情节。三个人物的视角互相投射，形成了所谓的"视角区域"。詹姆斯的这种以人物意识为叙事结构中心的创作理念对现代小说家产生了深远影响，对传统的线性叙事结构发起了一场空前猛烈的进攻。进攻的结果就是，视角、空间形式等现代的技巧得到了更大范围的应用和发展。

但是，在詹姆斯的结构设计中，读者没有立足之地。把读者纳入叙事结构讨论中，并对其作用给予一定考虑的是小说家兼评论家福斯特（Forster）。福斯特在文学理论名著《小说面面观》中，明确提出理论不只是作者的设计，也不只是叙事作品中客观存在的实体。福斯特认为，读者必须带有叙事作品一些品质，才能欣赏叙事的结构特征。

福斯特提出，叙事特征包括故事、人物、情节、想象、预言、模式和节奏，其中最重要的是模式和节奏。福斯特对后两种类型的命名借用了绘画和音乐的术语。节奏，于他而言，不像模式一样始终存在，而是时隐时现，让叙事充满悬念、新鲜感和希望。在他看来，一个精心安排的节奏是在重复中予以变化的。简单说来，他所谓的节奏就是指叙事中不断重复出现又带有变化的叙事细节，而其模式则大致相当于叙事结构。

学者米尔（Muir）对叙事结构的描述和分类则呈现出大不相同的特色。与福勒的观点略微相似，米尔也认为某一类型的叙事会有一个结构模式。不过，与福勒从先前的文学体裁中提炼、归纳潜在叙事结构的做法不同，米尔为了归纳叙事结构而把叙事分为三种，即关于行动的叙事、关于人物的叙事、戏剧化叙事。在他看来，关于人物的叙事在叙事结构上呈现出明显的空间性；关于行动的叙事则体现更鲜明的时间性；戏剧化叙事可以被视为这两种叙事的中介，使人物和情节密切融合。

学者陈平原在研究中国"五四"时期的叙事时，也把人物、情节和场景的不同侧重点作为区分叙事类型和结构的标准。陈平原对比了"五四"时期与之前的文学创作，指出这一时期文学创作领域发生的最大革命是对叙事结构的革新。传统的以情节为中心的叙事结构被以人物为中心的叙事结构所替代。这主要取自西方的叙事结构，把叙事的中心转到人物内心生活的展示上来。陈平原继而指出，这种新的以人物为中心的叙事可能会成为个人的情感表现。

这也是本书在前文中对一些过度追求内心展示的现代叙事所持的观点：那种完全以人物为中心、一味追求展示人物内心情感、追踪思绪的随意跳跃的现代叙事，已经在去除叙事核心——故事情节的同时，扼杀了叙事的生命力。有鉴于此，把对这三个因素的侧重作为区分叙事结构类型的标准，即使在理论上有一定合理性，在实际分析中也是不可操作的。如果无法就两部叙事作品对某两种叙事因素的侧重做出科学的、量化的比较，自然也无法做出有说服力的解释。所以，我们承认结构因素中包括了人物、情节、场景，但并不赞成把它们作为区分叙事结构类型的标准。

关于叙事结构还有很多种不同的理解。学者斯坦泽（Stanzel）把叙事结构等同于叙事情境。学者纳什（Nash）眼中的叙事结构则是叙事作品所呈现出的宏观结构。学者肖特（Schott）在其论文中展示了由转换的时空塑造成的叙事结构。

综合上述观点，叙事结构包括以下诸因素：人物、场景、聚焦、叙事声音、时间技巧、空间形式。本书着重分析的是由后四种因素构成的叙事结构。空间形式包括象征主题意义的空间形式、多元结构、平行情节线索、意识流以及拼贴画等。

六、自然叙事和叙事能力

在给叙事下定义时，本书着重强调叙事是人类社会的基本交流方式和固有属性。可以毫不夸张地说，人类是在故事中或是通过听讲故事成长的。因此，每一个人都理应具有叙事能力，即生产叙事和理解叙事的能力。

在某种意义上，文学叙事可以被看作日常故事的书面誊写。那么，读者在阅读一部叙事作品时，自然而然地会触及头脑中储备的日常故事，将之作为理解叙事作品的基础。对日常故事的步骤的研究始于社会语言学家拉波夫。他的代表作《内城中的语言》对构成一篇日常叙事的六个部分做了假设，包括：

①概要，即该故事究竟说的是什么。
②定位，即故事中的人物，故事发生的时间、地点，故事的开头。
③行动复杂化，即接下来发生了什么事。
④评价，即为什么讲这个故事，也就是解释这个故事究竟为什么有趣。
⑤结局，即最后怎么样了。
⑥尾声，即故事的讲述者声明他已经讲完故事，回到现实。

这是人们在讲述故事时通常遵循的步骤。这些步骤已经内化于人们心中，人们在讲故事时自然会从这些方面着手，对各个元素进行交代。而作为故事的听众，人们也会在听故事的过程中自觉或不自觉地期待这些信息的出现。这种内化的日常叙事能力成为人们理解书面叙事作品的基础。拉波夫描述的日常叙事的"六步走"也就成为人们理解书面叙事结构的参考。通过在头脑中对比书面叙事结构和人们耳熟能详的自然叙事结构，人们可以发现书面叙事为了达到特殊的主题表现、人物塑造等目的所构建的特殊叙事结构。

借用著名语言学家乔姆斯基（Chomsky）"语言现象是对深层语言结构的

添加和删减"的说法，我们认为，就叙事结构而言，书面叙事的结构在某种意义上也可以被看作在对口头叙事结构进行增删的基础上形成的。不过，书面叙事结构对口头叙事程序所做的增删因时期的不同而不同。

在口头叙事"六步走"的基础上，书面叙事对其结构所做的增删包括：添加大量细节充实人物形象；丰富故事情节；描写场景和各因素之间的关系，删除其他成分（如尾声、概要等）。不同书面叙事结构对口头叙事程序的增删也不尽相同。口头叙事的"六步走"在书面叙事中以不同程度、不同方式出现。

尽管"我的故事讲完了"之类的交代常见于日常故事的讲述，在一些采用第一人称叙述者的小说、后现代小说，尤其是元小说中，也会时而见到它的踪迹。

概要部分常常是被省略的，尤其是当作者的介入式创作已经成为"明日黄花"之时。很少有作者愿意冒着被众人非议的风险，"跳"进故事里告诉大家他要讲的是怎样一个故事。

长期以来，定位被认为是叙事不可或缺的部分，即给读者一个心理的定位，或者通俗地说，让读者明白自己将要阅读的是关于何时、何地、何人的一个故事。因此，在传统叙事作品中，作者习惯于在开篇给故事定位，给读者交代清楚上述因素。但是，后来，为了激发读者的兴趣和好奇心，很多作者采用从中间开始叙述的方法，有的甚至从结尾开始倒叙。这样一来，即使故事的时间、地点、人物都在故事中有明确的交代，口头叙事中从故事起因发展到结局的程序却显然已经被打乱了。更有甚者，读者即使读完也弄不清楚故事发生的确切时间和地点。在阅读这些现代叙事作品时，读者常常在没有任何心理准备的情况下"闯"入一个故事中。这样的叙事需要读者发挥更大的主观能动性，从叙述者的各种暗示中摸索出人物与事件之间的关系，并试图弄清故事发生的时间、地点及相关内容。

评价部分在书面叙事中仍然存在，但是通常以非常隐晦和复杂的面貌出现。在日常生活中，讲故事的人常常会告诉听众这个故事为什么值得讲、为什么有趣。然而在书面叙事中，作家更倾向于把他们的评论隐含在叙述之中，留待读者去发掘、构建、阐释。在很多叙事中，作家把各种叙述视角嵌套起来，使得对某一事物或人物的评价更加复杂化、戏剧化。

尽管现代叙事作品对口头叙事的各个成分做了不同形式的删减，但是自然叙事能力使得读者仍能够重新找回那些被删除的成分。读者可以通过叙事作品中零零碎碎的信息拼凑出人物形象、场景、事件的详细内容，以及潜藏在叙述和描写之中的叙述者的态度。他们深知,传统的叙事因素并没有消失,而以不同的形式出现在新型的叙事中。

因此,在阅读现代叙事时,读者需要找回传统叙事明确交代的那些因素。事实上,能够保证那些传统的叙事因素仍然存在于现代叙事之中的能力同样是人类普遍具有的叙事能力,即在日常叙事中耳濡目染所获得的叙事能力。这种叙事能力保证作者在创作书面叙事时也会以或隐或显的方式交代故事的相关因素。

讲到叙事能力,这里又要重申"以人为本"的叙事研究立场。作者和读者的自然叙事能力都被想当然地认为活跃于叙事的创作和理解中。就作者而言,他具有的叙事能力确保他会讲述一个有意义的故事,讲述他对世界、对人生的独特体验;就读者而言,他具有的叙事能力让他相信书面叙事同日常叙事一样,也传达了某种人生体验,仅仅是以不同于日常叙事的手法来实现的。这样也就促使读者试图挖掘、构建出该叙事的意义。

就读者对叙事的理解而言,自然叙事能力固然让他们相信书面叙事以别样的方式传达了一定的意义,但是自然叙事能力无法帮助读者正确、全面地认识叙事所应用的具体技巧是如何有效表达意义的。读者要想对叙事作品做出系统且有说服力的阐释,需要对叙事作品为表达特定主题、塑造特定人物可能采用的叙事技巧和文体技巧有一定的把握。这也是本书的要旨,即为读者描述叙事作品中常见的叙事技巧和文体技巧,正是这些叙事技巧和文体技巧让原本平常的叙事呈现出别样的面貌、深刻地或者象征性地表达了某个主题。

第三节　新闻学

新闻学是研究新闻事业和新闻工作规律的学科。新闻学是以人类社会客观存在的新闻现象作为自己的研究对象,研究的重点是新闻事业和人类社会的关系,探索新闻事业产生、发展的特殊规律和新闻工作的基本要求的一门学科。它研究的内容是新闻理论、新闻史和新闻业务。新闻学的中心议题是:客观社会的条件对人类新闻活动的决定、支配作用以及新闻活动对社会的反作用。

一、"新闻"的定义

新闻,从汉语词义上来解释,包含两层意思:一是指借助语言、文字、图片、录像等,向公众传播的消息。二是指社会上新近发生的事情。现在我们所要研究的新闻，是指报纸、电台、电视台、互联网等媒体经常使用的记录与传播信息、反映时代的一种文体。新闻概念有广义与狭义之分。广义上是指除了发表于报刊、广播、互联网、电视上的评论和文章外的常用文本都属于新闻，包括消息、通讯、特写、速写等。狭义上是指使用概括的叙述方式，以较简明扼要的文字，迅速及时地报道附近新近发生的、有价值的事实，使一定人群了解。每则新闻一般包括标题、导语、主体、背景和结语五部分，具有真实性、时效性、准确性、公开性四个基本特征。

二、不同形式新闻的写作

对新闻形式进行区分，分析写作方式，能够更好地理解叙事学理论在新闻、新闻翻译中的作用。新闻有多种划分方式，可按照体裁和题材分类，也可按照时效性分类。若按照题材划分，可以分为政治、经济、军事、外交、体育、文化和艺术新闻；若按照事件的性质划分，一般分为硬新闻和软新闻。

硬、软新闻均源于西方新闻学。硬新闻是指那些题材较为严肃，着重思想性、指导性和知识性的政治、经济和科技新闻，如重大犯罪、火灾、意外事故、演讲、劳工纠纷或政治事件等。硬新闻也称现场短新闻，是一种强调时间性和重大性的动态新闻，重在迅速传递消息。在形式上，它与国内的动态消息基本一致。软新闻是指那些不平常的、奇怪的、娱乐的新闻，人情味较浓，写作风格轻松活泼，易于引起读者的兴趣。软新闻的主题可能会有些不应时或不甚重大，但绝不枯燥，这类新闻常使读者欢笑或悲泣、喜爱或憎恨、满足或遗憾。软新闻从感情上吸引读者而非以理性赢得读者。在形式上，分为软消息和特写两种。

区分硬、软新闻的关键在于重要性、趣味性和时间性。硬新闻重在迅速传递信息，强调时间性，多为动态新闻和现场报道。软新闻重在引起读者的兴趣和情感呼应。

（一）硬新闻的写作

硬新闻多为那些强调时间性和重大性的动态新闻，其基本特征是以最快的速度简单明了地报道新近发生的国内外重大事件及事物发展过程中的新动态，强调时间性和动态性，是消息体裁的一种重要类型，故又称为"动态消息"。

硬新闻的题材范围很广，有会议新闻、经济新闻、社会新闻、军事新闻、外事新闻、体育新闻、科技新闻、文教新闻等。在研究硬新闻时，须注意以下几个主要特征。

第一章　相关概念

1. 硬新闻以开门见山、一事一报作为主要的写作原则

硬新闻通常报道事物的最新变化，迅速快捷，因而要用开门见山的写作手法，即一开始就把最具新闻价值的内容写入导语中，以便能够立即吸引读者的眼球。它的一个写作原则是一条新闻只有一个中心或一个主题，抓住一件事物、一个侧面，忌讳多事一报。因为一事一报使得新闻主题明确，框架清晰，内容简洁。

2. 叙事方式较为客观

硬新闻主要是为读者提供信息，一般不含任何议论、抒情等，较为客观。写作者只是在选择和报道新闻背景材料时发挥主观性，通过组织事实材料来影响读者，即让事实说话，增强新闻的可信度。

3. 注重时效性和重要性，常运用连续报道的方式

在新闻价值诸要素中，硬新闻尤其强调时间性和重要性。硬新闻总是把最新、最重要的信息写在新闻的开头。传统上，读者总是对新近发生的事或处于变化之中的事物兴趣更大。硬新闻的一个鲜明特点就是变动感强，因而时效性是极其重要的。

事物总是处在不断变化的过程中，硬新闻也应适应该规律，有时需要使用连续报道的方式。这样，新闻既简短，又可保持内容不断更新，且一直具有新鲜感。连续报道的方式常用来报道一些突发性新闻，特别是那些不能等待结果、需要传达阶段性信息的新闻。连续报道也是确保时效性的一种方法。

4. 报道内容多为突发性事件

硬新闻报道的内容以突发性事件为主，如最新发生的海啸、地震以及政治、战役、经济危机等。需要注意的是，不能把硬新闻等同于突发性事件，硬新闻以事件新闻为主，也报道自然界或人类社会的最新变化，如社会面貌的最新变化、社会各阶层及其代表性人物的最新动向等。

5. 给人以现场感，再现动感

动感是读者通过阅读文字所获得的对事物变动的感觉，它可以将读者引入其中，令他们感同身受，增强读者的兴趣或对事件的关心度。要想使硬新闻具有动感，应使用生动活泼的语言，并且有两点需要注意：一是不要拘于形式，要有创新精神。记者在事实材料准确的前提下，应力求在形式上别出心裁，别具一格。二是多用动词，少用形容词。动词给人以具体、生动、形象、语言朴素的感觉，具有立体感和动感；而形容词起修饰作用，给人以抽象、模糊不清的感觉。

在写作方面，硬新闻有一定规律，在大多数情况下使用倒金字塔式结构，与动态消息基本一致。倒金字塔式结构也称"倒三角"，其特点是把新闻的高潮或结论放在最前面，然后根据事实的重要性依次递减地安排、组织材料，由高到低地突出最重要、最新鲜的事实。这样，报道会显得简洁明快、条理清晰。

倒金字塔式结构可以简单写成（在安排材料时，往往遵循以下规则）：

①导语；

②详细展开导语中提到的新闻事实，即将导语中的新闻事实具体化；

③对上述材料加以解释、说明；

④对主题的再论述（常省略）。

此处的倒金字塔式结构是硬新闻最基本的写作方式。但是，倒金字塔式结构还存在复合结构，即指在一则消息中同时叙述两个新闻事实的消息结构。同一条新闻中的两个新闻事实通常是相继发生的同类事件或同一新闻事件的两条线索。一般情况下，复合结构的硬新闻在写作上也要采取倒金字塔式结构。需注意的是复合结构的两个新闻事件至少有一个要素是相同的，即"时间"或"地点"。该类硬新闻安排材料的方法是：

①导语：主题 A、B；

②较详尽地展开主题 A、B，使之具体化；

③进一步交代与主题 A、B 相关的次要新闻事实；

④背景材料；

⑤对主题 A、B 进行再论述。

（二）软新闻的写作

一般来说，软新闻富有人情味并具有纯知识、纯趣味的特点。它与人们的切身利益并无直接关系，主要是向受众提供娱乐，使其开阔眼界、增长见识、陶冶情操，或作为人们茶余饭后的谈资。

在软新闻中，新闻故事最重要的部分不必出现在导语中。软新闻结构使用金字塔式结构（时间顺序式结构或编年体式结构），它总以间接或延缓的导语开头。软新闻的发生往往没有明确的时间界线，也没有时间的紧迫性。

软新闻讲究写作技巧，富有情趣，即人们常说的"散文笔法"。它的风格多姿多彩，更多地使用奇闻逸事、引语和描写等技巧。软新闻中最突出的一种类型就是特写。特写的写作要领可被概括为反映现场气氛、捕捉逼真形象、抓住事物特征，注意情节高潮。特写在写作上突出趣味性，在写作结构上通常采用由小到大、由局部到整体的思路，以一个很有趣的小镜头或轶事作为导语，引出特写的主题，再从不同角度展开该主题，最后用一个总结性或趣味性较强的引语或故事结尾。它在写作中遵循一定的格式，即"开头—向正文的过渡—正文—结尾"。此处介绍特写的两种结构形式。

1. 金字塔式结构

金字塔式结构也称时间顺序式结构，即导语以下的新闻材料完全按照时间的先后顺序展开，直到事件结束。

用这种结构形式安排材料，可使文章过程完整、故事性强、人物形象丰满、有较强的可读性。因此，对那些故事性的事件新闻，用这种结构形式安排材料比较合适。这种新闻通常在第一段用倒金字塔式结构，开门见山，发挥导语突出主要事实的作用。在导语之后，写作者一般按事件发生的顺序展开写作，给人以具体、完整、清楚的感觉，比较适合中国受众接收新闻的习惯。

2. 华尔街日报写法

另外一种经常运用到的结构形式称为"华尔街日报写法"，因它是由美国《华尔街日报》的新闻工作者所创而得名。这种结构形式的写作特点是先从具体事例或人物写起，用一两段文字较为详细地介绍一个或两个典型材料，然后进行归纳。华尔街日报写法的写作步骤为：①将重点放在某个独特的方面；②向主题过渡；③报道主题；④回到稿件开始的重点，写一段强而有力的结尾或做总结构的阐述。

三、新闻叙事

（一）新闻叙事的概念

和文学叙事不同的是，新闻叙事是一些人结合某些语言系统对新闻事实进行叙述和重构的一种活动。它的一些编码方式在很大程度上满足了人们对新闻信息的需求，并且符合信息效率最大化的需要，这样就有利于一种独特的叙事语篇类型形成，那就是新闻语篇。新闻语篇是新闻叙事学研究的逻辑起点，通过对新闻语篇结构特征的理解，可以确认新闻叙事相对文学叙事的独立性。

新闻信息的传递在某种程度上是新闻叙事的本质，研究具有新闻价值的信息是怎么流动的。新闻叙事的内涵在于其三个组成部分：材料、故事和文本。材料是由行为者引起或经历的一系列事件，即原始新闻事实，它们以逻辑和时间顺序联系在一起；故事是记者心目中的新闻事实，是新闻事实在记者头脑中的动态反映；文本是由最终受众看到的语言符号构成的。通常情况下，新闻叙事文本由记者进行编码，以符号的形式呈现在观众面前，然后由观众将其还原为自身心目中的新闻事实。

新闻叙事的材料层面：材料是固定的，包括对象和过程。对象是地点、时间以及行为者等；过程是在客体中与对象一起或通过对象而发生的变化。这一过程强调发展、连续性、变化和事件之间的关系。写作者不能改变新闻叙事的材料，必须遵循新闻真实性原则。

新闻叙事的故事层面：讨论如何艺术性地按时间顺序安排事件，包括顺序的安排、叙事的节奏、频率和焦点等。

新闻叙事的文本层面：读者可以直接接触的部分。其讨论了叙事文本的核心概念"叙述者"是谁，包括叙述者的身份、这种身份在新闻文本中的表达程度以及方式等。

（二）人物和事件是叙事之源

叙事最重要的两个部分就是人物和事件。在新闻叙事中，这两个部分也是十分重要的。要在传统意义上把二者划清界限既是没有意义的，也是不现实的。正如亨利·詹姆斯的那句话："还有不受事件决定的人物吗？还有不表现人物的事件吗？"事实上，在大多数叙事中，人们都很难衡量究竟是人物更重要，还是事件更重要。在绝大多数叙事中，人物和事件确实是难解难分的。在这里我们可以联系惊悚或恐怖小说与浪漫或爱情小说，对前者来说，可能事件相对于人物来说会占更大的比重；而对后者来说，可能人物之间纠缠不清的关系更加扣人心弦。比如，简·奥斯汀（Jane Austen）的小说就是一个例子，在她的名著《傲慢与偏见》中，虽然主人公伊丽莎白和达西走向和解并接受对方是一系列事件的结果，但是更吸引读者的似乎是几对情人之间浪漫的爱情。当然，即使在这些例子里，人物和事件仍然是不能分开的。因此，没有必要也不可能把传统意义上的人物和行动划清界限。

对人物和事件的分析，在20世纪初小说界的革命之后才有意义。众所周知，法国作家福楼拜（Flaubert）提出了小说的戏剧性表现，詹姆斯紧随其后，大力提倡并在小说创作中大胆实验这种新手法。简单地说，詹姆斯极力推崇的小说创作手法是通过人物的意识展现事件。他认为，传统的全知叙述者对生活的重新安排，使读者感觉正在被一个替代品打发。詹姆斯进一步指出，只有当小说不对生活做重新安排时，人们才觉得在触摸真理。他声称："艺术的本质都是生活，都是感觉，都是观察，都是想象。"詹姆斯的小说观并没有废除事件，而是提倡事件应该通过某个人物的眼光或思想直接展示，而不是由传统的全知

第一章　相关概念

叙述者讲述。

但是这种对人物视角的重视却一再地内转。伍尔夫认为："小说应该记录千千万万个印象——细碎的、奇异的、转瞬即逝的，直到用利刀镂刻一般的。"这些印象像无数原子一样，从四面八方纷至沓来，因此，事件被等同于人物思绪中不断降落的原子。从这以后，小说的内转便一发不可收，从以人物视角展现事件演变为对人物思想和感情的直接展示。这种人物思想和感情的展示，只需零零碎碎的事件点缀。如果这种展示真的成为叙事的范式，那么可以说叙事已经不能称为叙事了，而是浦安迪区分的另外一种文体，即抒情诗。前面讲过，叙事是通过经验流揭示生活的真谛的，如果像伍尔夫所说，作家都"像乔埃斯那样是发自内心而不是屈从陈规进行创作的话，作品就会没有情节，没有喜剧，没有悲剧，没有已成俗套的爱情穿插或最终结局"，那么所谓的叙事也就不复存在。当然，我们不是说叙事和抒情有截然的界限，但是叙事和抒情应该保留各自的本质特征，否则它们就不能够更深入地发展自身的理论。上述所说的过于内转的叙事实际上已经模糊了自身的身份，转成了抒情诗。学者费伦就这样说道：《达洛维夫人》的内容推进，与其说是叙事，倒不如说是抒情。这种所谓过度戏剧化、内心化、现代化的叙事究竟是否还算叙事，是摆在叙事学家面前的问题。是否能解决好这个问题关系到叙事在今后的发展走向问题，关系到叙事是否能保持自己的本性，不被湮没在其他文体内，并且继续保有旺盛生命力的问题。在我们看来，那些主要展示人物感情和思想、只用星星点点的事件作为主观感情的"触发剂"的小说，很难被算作叙事小说的成员。这种小说就是标题中所指的人物小说。显而易见，在这种作品中，人物相对于行动是较为重要的。

将一味表现人物思想感情的小说划出叙事的范畴，并不等于说意识流小说都不是叙事小说。事实上，许多意识流小说，尽管展示人物内心世界，但保留了叙事的根本特征，只不过其事件叙述多是通过人物的意识来表现的。这种意识流小说仍然可以被称为"行动小说"，是套在一个内心世界框架之内的行动小说。如果卸去这个外部的框架，人们仍然能得到一个常见的叙事。只是这种内心世界框架下的叙事更加个性化。对于个性化叙事来说，叙事学的分析方法也应该是适用的，因为个性化的叙事与表现主题和人物塑造会更密切相关，更有利于进行叙事文体的分析，而且这种通过人物视角进行的叙事可能会包含更为复杂、更有意义的叙事技巧。比如，在这种内心叙事中，由于各个事件是根据各个人物的个人喜好、对事件的不同印象等重组的，其时序通常会更混乱、文体特征也会更值得研究。

上述虽然是以小说为例来说明叙事中人物和事件的重要性的，但是新闻叙事有相同之处。在新闻叙事中，我们认为，人物和事件是叙事的生命之源。那些为了展现意识而极端削减事件的做法会剥夺叙事的生命力。只有体现事件的重要地位，新闻叙事才能被称作叙事。

四、新闻翻译

（一）新闻翻译与新闻翻译法

1. 新闻翻译的内涵

在经济全球化深入发展的今天，随着世界交流日渐紧密，新闻已经成为各国互相增进了解的重要手段。尤其是在20世纪下半叶，我国在政治、经济、文化、体育等领域与其他国家展开了全方位的合作和交流。在促进各国关系进一步友好发展的过程中，新闻翻译扮演了不可或缺的角色。如今随着互联网技术的高速发展，外交传播也借力转向互联网平台。如韩国驻华大使馆及各领事馆就陆续开通官方网站，并设置新闻栏目，收集并翻译中国近期新闻报道，帮助在华韩国人了解中国舆情、跟踪中韩各领域交流合作动态。

新闻翻译本质上是一种跨语言、跨文化的交际活动，以传递原文信息为目的。一些官网上提供的翻译新闻，具有重视宣传、服务政府的特点。这些翻译新闻虽不如一般网络新闻的互动性强，也无法利用大数据进行个性化定制，以迎合不同人群需要，但往往反映了国家最新动态，且立场较客观公正，可以说是跨文化交流的代表性文本。对于希望了解国际舆情、对国际形势形成准确认知的民众来说，翻译新闻也是个便捷且实用性强的渠道。

新闻标题是对新闻主要内容的集中概括，承担了提示新闻内容、评价新闻意义、展示新闻价值、揭示新闻本质以及吸引读者的重要任务。新闻标题翻译工作不仅考验新闻译者的文字功底，也对译者的专业素养提出了相当高的要求。在当今网络新闻媒体取代传统纸质新闻业逐渐成为人们获取信息的主要来源的时代背景下，新闻标题更有取代新闻正文主体地位之势。标题翻译在新闻翻译工作中的重要性不言而喻。译者在翻译新闻时若毫无章法、随心所欲，不遵循一定的策略，必然会影响读者对新闻内容的判断，从而导致新闻无法实现其传达信息的功能。

新闻翻译该如何跨越文化和语言的障碍，面向对象国宣传本国形象，或面向本国人民提供必要信息，已经成为各国媒体、翻译从业者需要解决的重大课题。一些官网提供的翻译新闻，一般出自专业译者之手，审核标准固定，质

第一章　相关概念

量经过检验，代表着官方立场，对从事新闻翻译工作的译者来说有一定借鉴意义，对提升我国外宣新闻翻译质量也有一定帮助。因此，为讲好中国故事，传播中国声音，更好地服务受众，我国新闻译者十分有必要学习研究、分析译文文本，学习翻译方法和策略，进而投入翻译实践。同时，译者还需要以翻译目的论为理论指导，以本国和他国的新闻翻译为研究对象，对各种翻译策略进行研究，学习其中的优点，改善其中的不足，尽己所能总结出详细、有效、有针对性、有参考价值的翻译方法和策略，为提升新闻翻译的质量、扩大新闻译文传播范围、增进各国人民的沟通了解做出贡献。

2. 新闻翻译法

新闻语言的主要特点是准确贴切、简洁明快、生动形象，它重在传播新闻事实，而且是如实客观地呈现出新闻事实。新闻翻译的译词要准确、语言要通顺、文体要恰当。

新闻翻译法按其形式主要分为全译、摘译和编译。新闻翻译法的选择主要取决于原新闻的价值和二次传播的需要。英语新闻一般篇幅较长，而中文新闻则偏短。因而在翻译时，若新闻内容较重要、文字较少，则进行全译；若新闻篇幅较长，则采用变译的方法，包括摘译、编译、译述、缩译等。

（1）全译

全译即全文翻译，是把源语新闻全部转化为中文新闻的翻译法。该类新闻一般篇幅较短，内容又十分重要且二次传播的价值较高。在翻译时，既要译出源语新闻的深层内容，又要保留它的基本结构和风格，不可随意增减其内容。

（2）摘译

随着经济全球化，各种各样的信息不断涌现，读者必然会对各类新闻加以挑选，译者必须相应地改变翻译策略，懂得取舍，这时可采用摘译的方法。

摘译是指摘取原作之精华的翻译法。它是根据翻译的特点要求从原文中选取能反映其主要内容的部分或译文读者感兴趣的部分内容的变译活动。在摘译时，应该选择源语新闻中最为重要的部分进行翻译，其本质是"选取"。摘译最适用于科技文献的翻译，因为科技类新闻的发表是为了传播新思想、新发明等，读者最为关心的是作者自己独到的见解，译者在翻译时应突出这点。此外，译者要注意保持译文在宏观结构上的整体性，使上下文连贯。此外，摘译不应违背源语新闻的中心思想及深层含义，并应尽量保留源语新闻的风格。在新闻翻译时，常用的摘译法主要是删词法、删句法和删段法。

（3）编译

编译即编辑和翻译，是先编后译的过程。译者根据翻译对象的特殊要求对一篇或多篇原作进行加工、整理，再进行翻译。加工可以将原作变新作，使原作更加完善，并且为译文读者所接受；整理则是为了使原作更加条理化。

从微观上来看，常用的编译法有摘取、合并、概括、调序等方法。与摘译不同，摘取法强调摘取的语篇至少是段，是段中的关键语句，而摘译并无此类要求。合并法要求叙述准确精练，故又叫合叙，它是指将两个或两个以上相关的文章合在一起进行叙述。这种手法常用于叙述性和说明性的文字中。概括法是以有限的篇幅和字数反映尽可能多的内容的，该手法需要译者具备敏锐的眼光、丰富的经验和较强的文字组织概括能力。调序法包括时间、空间、事理和论说四方面的调序，其目的是使原作通顺。它从原作的整体出发，使各部分合理而自然地连接起来，形成和谐的统一体，改散乱为严谨，改失当为协调。

从宏观上看，编译分为段内编译、段际编译、篇内编译、书内编译和书际编译。编译的最低单位是段，再往上是篇（章）和书，篇（章）和书的数目可是一，也可不是，但最好不超过五。

译者在编译时需要注意七个原则：译前的编辑性、主题的明确性、材料的集中性、材料的典型性、详略的得体性、结构的调整性、篇幅的合理性。编译的动作幅度一般比较大，删除改动的内容比较多，这就需要译者添加一些字词，把保留下来的部分联系起来，以确保文字的通顺与流畅。另外，为了便于读者理解，译者在编译时可以在译文中适量增加一些背景材料。

需要注意的是，不论是全译、摘译还是编译，译文的主旨应与原文基本保持一致。在发表新闻时，要注明这些新闻的来源或出处。

（二）新闻翻译的原则与标准

1. 新闻翻译的原则

新闻语言的本质特性决定了新闻翻译具有传播快、受众多、时效性强等特点。新闻翻译必须具体、准确、简明、高效地传递信息，因此，新闻翻译者必须遵循内容和效果两方面的原则。由于新闻翻译是为各类读者提供参考材料，所以必须考虑新闻的价值和传播效果。具体说来，新闻翻译主要包括以下几个原则。

（1）内容健康，主题突出

新闻翻译不是简单的语言模仿，而是反映译者的主观思想和原则立场的，具有重大的政治责任和社会责任，必须选择适合不同读者需要的、主题鲜明和效果突出的新闻进行翻译。

（2）注重准确

准确是新闻语言的核心。新闻报道的主要目的就是真实准确地反映客观事实，力求使读者在阅读报纸、收听广播和收看电视后所产生的印象与事实真相一致。语言不准确就会导致报道的内容失真。因此，新闻报道要靠事实说话，而不是依赖艺术创造。时政新闻的政治性强，若翻译有差错，可能引起严重后果。在文学翻译中，如果把小说里一个人物的澳大利亚国籍误译为奥地利籍，这自然是一个错误，但还不至于产生严重后果。可是，如果在翻译政治新闻时把一个甲国特务误译为乙国间谍，就会招来麻烦。因此，新闻译者要对二次传播的受众高度负责，应力求译文准确，避免错误。

（3）效率性高

新闻报道是一种高时效、高强度的工作，新闻翻译也必须在时效压力下高速进行。一条新闻、一篇文章需要在几小时甚至几分钟之内被译出来，以便及时发布或见报，因此译者没有时间逐字逐句慢慢推敲、向人请教或找人商量讨论，也没有很多时间查词典、找资料。例如，在第二次世界大战快结束的时候，美国总统罗斯福病逝。一位记者为了抢先发这条新闻，写了一条只有七个英文字母的消息"FDR DEAD"。如果译者平时不知道 FDR 是 Franklin Delano Roosevelt（富兰克林·德拉诺·罗斯福）的首字母缩略词，那他就不能立即把这条新闻译出来。新闻翻译人员必须在指定的时间内拿出成品，而且要保证成品质量。因此他们必须具有较高的素质，具备较高的新闻专业素养，以及源语和译语的语言文化修养。

（4）知识性强

世界上最新的事物、最新的词汇往往首先在新闻里出现。一堆电讯稿几乎是一部包罗万象的百科全书，涉及天文、地理、军事、政治、外交、经济、法律、科学、技术、教育、卫生、文学、艺术、历史、哲学、宗教、风土人情、民族习俗等各种知识、各门学科。翻译工作者应该是一个杂学家，除了拥有深厚的语言功底外，还应具备广博的文化知识。在新闻的英汉互译中，我们经常会遇到因缺乏文化背景知识而导致的错误。翻译是跨文化的交际活动，译者了解文化差异、具备文化传递意识以及交叉学科知识对翻译质量都起着重要作用。所以，要成为一名称职的新闻翻译工作者，必须从各方面提高自身的修养，掌握广博的文化知识。

由于新闻翻译的以上特点，新闻翻译工作者要把工作做好，既准确又快捷地翻译出新闻，是不容易的。他们必须在政治、外语、汉语、文化知识等方面有扎实的基础、过硬的本领。译者要培养实事求是的精神和辩证思维，正确处理形式和内容的关系，才不至于将"肥猪"译成"fat pig"、将"老虎"译为"old tiger"、将"两点论"译为"la these aux deux points（冒号论）"、将"亲密战友"译为"companion intime"（intime 这个形容词在法语里有男女之间"亲密"的含义），也才不至于将"抓紧肥料"译为"resolutely grasp manure"（grasp 用在具体意义上指"手抓"，成了"使劲抓大粪"）、将"做好采购工作"译为"do a good job of procurement"（procurement 有"介绍妓女""拉皮条"的含义）等。

2. 新闻翻译的标准

任何翻译实践总要遵循一定的标准或原则，衡量一篇译文的好坏同样也离不开一定的标准，因此，翻译标准的确立对指导翻译实践有着重要的意义。由于翻译这一文化交流活动历史悠久，从事翻译的人具备不同的社会背景与语言背景，对翻译本质的认识与期待值均不同。衡量翻译的准则也各不相同，因而形成了多种翻译标准。

新闻是一种常见的体裁，它担负着迅速传播各种信息的重任。一般来说，新闻的语言有自己独特的风格，无论是英语新闻还是汉语新闻都呈现出真实、简洁和生动的特点。这就为英语新闻的中文翻译提供了可能性。但是，对待这种颇为特殊的文体，其翻译的标准应该是什么呢？

近代翻译大家严复早在一百多年前就提出了"信、达、雅"的三字翻译标准。"信"是"意义不背本文"，"达"是"不拘泥于原文形式"，这两条对新闻翻译是非常适用的。因此，新闻翻译的标准首先是讲求真实、准确，要做到忠实于原文所提供的信息，不可随意增减。同时，在英语新闻中常会遇到令中文读者难以接受的形式，如结构松散的文句和"拙词"。这时，我们的原则是重内容而不拘泥于语言形式。其次，新闻翻译应做到简洁生动，应把现代汉语新闻文体作为我们翻译英语新闻文体的准绳，不必追求语言的优美，应强调意思通达和传播效果，"过俗"与"过雅"均为新闻所忌。在这些标准的指导下，新闻翻译者应在忠实于原文内容的基础上，选择适合大多数读者阅读习惯的内容，用现代汉语新闻文体的语言形式来进行翻译。

五、新闻叙事与翻译工作策略

要想做好新闻翻译工作，译者不仅需要有高度的使命感和责任心，还要具备同理心和共情能力，同时还要具备语言驾驭能力。

（一）新闻叙事与翻译的情感处理

1. 有效区分作者与叙事者

"叙事者（叙述者）"，在相关学者的理论阐释中，绝不等同于"作者"，哪怕叙事文本是以"我"的视角来叙述的。"叙事者"只是故事的组织者和表

第一章 相关概念

达者,是承担话语的"陈述行为主体",是"纸上的生命",因而完全区别于现实生活中的真实作者。读者在阅读文本时,会被"叙事者"所牵引,但对"作者"往往毫无所知。

然而,叙事学的研究长期局限于文学虚构文本(尤其小说文本)的分析中,一旦其研究对象跳脱出虚构文本的范畴转向真实性新闻文本,我们则不能不对"叙事者"概念提出的语境加以甄别。关于何为"新闻叙事者",学界存在一定争议,有的主张完全借鉴经典叙事学中的"叙事者"内涵,有的则提出了不一样的观点。

学者何纯从新闻的真实性出发,认为传统媒体中的新闻既是个人的,又是机构化的;"新闻叙事人"是一个集合体,既包括了采写报道的记者、被选择的采访对象,也包括了编辑和审阅签发的负责人;记者只是表层的叙事者,其所归属的媒体才是本质意义上的叙事者。简言之,新闻叙事者身份的真实性,是新闻真实性的保证,这是新闻叙事人最鲜明的特征或本质属性,故有"本报讯(记者××)""本台消息"之类的表达。

然而,在新闻的叙事过程中,也需要细分新闻叙述者的环境类型,区分传统媒体环境和网络环境。比如,网络新闻叙事既体现为一种"实在性叙述",又体现为一种"互动叙述",即同时处于"框架—人格"二象序列的两极,有关叙事者的理论阐释再次遭遇困境。结合"框架—人格"的设定,在新的媒介生态环境下,不妨从理论意义上大胆提出新闻叙述者有三种类型:一是纯个性化叙述者,可以作为一个具有法律人格的坚定的个人或机构,普遍存在于传统新闻叙事作品中;二是纯框架叙述者,其所描述的新闻是节目运作的结果;三是二者的结合,可以称之为"人机情结"叙事者,擅长互动叙事,而新闻叙事则体现在人机互动模式下的信息流中。网络新闻叙述者主要体现为后两种形式。

不同新闻写作者的关注焦点是不一样的。比如,《纽约客》的事件性特稿就非常注重个人的力量,重视个人报道对社会现实的反映,并且能吸引受众,关注普通个体也能拉近与读者间的距离。

例如,下面是译者翻译的《纽约客》中的文章:

天刚破晓,寒冷的中国北方高原,导演贾樟柯在拍一个喷火者的镜头时不太顺利。男演员口中喷出的火焰低了一英尺,遮住了镜头里其他角色的脸。这是贾樟柯的时装摄影系列开篇镜头。拍完处女作《小武》(一部关于一个小偷的、获奖无数的学生作品)十二年后,贾樟柯受《Esquire》中文版《时尚先生》之邀,拍摄一组名为"北京之春"的图片。意欲向他的美学观念致敬,人物似

叙事学视域下的新闻翻译研究

乎也取自他以往影片中人。贾樟柯与摄制组重归煤矿之乡山西——他在此长大并拍摄了他的早期作品。

上段文字以"全景镜头"开篇，整篇叙事围绕着"贾樟柯"导演，不仅仅聚集于"贾樟柯"一生，还有当时的时代背景。

相反，在中国新闻主题中，除了一些知名人物、网络红人的专题报道以外，多以"整体"力量出发。这一点是中西内在价值观的不同决定的。在《智族GQ》中也不例外。例如，作者靳锦在《疯狂的陨石：天外来客砸出的人世乱相》一文之中开篇便用"生死与共集体"叙事，字里行间都体现出中国社会的价值观。二十大提出社会主义特色现代化中，表明了中西价值观的评极大不同：西方是资本、利润驱动的现代化，是少数人获得最大利益的现代化；中国式现代化是按照"人民逻辑"来展开的，是人民利益、社会利益、公众利益驱动的现代化，讲求以人民利益为中心。所以，中国新闻稿翻译时，我们要秉承人民利益大于个人利益的基本原则。

2. 正确处理移情

《纽约客》特稿极具人文情怀，关注"人"。在描述中，叙事者主动流露出自身想法与情绪，读者都可以听到、看到并且感受到。而新闻的纯粹客观是新闻追求，这种主体意识的流露与国内特稿有所不同。在《智族GQ》中，极少看到叙事者的主观情感流露，甚至是在事件性叙事中也极力避免情感表达，相反却用多处细节描述加以掩饰。例如：

他（岛主）曾在晚上远远望见两双发亮的眼睛。……我忍不住回头，但并没有经历这样戏剧性的人狼对视的瞬间。不知道对狼来说，那里是否是伊甸园。

在这段文字中，叙事者没有透露出他的主体情感，但是从"人狼对视"以及"伊甸园"等词语，可以看出叙事者想要让读者一同感受那些中国"岛主"内心的眷念。对于这些"岛主"来说，拥有"岛"就是满足内心超越式的精神需求，拥有另一种财富形态的自我满足。

新闻翻译的译者在翻译过程中还应该考虑新闻原作者的主观性叙述，很多原作者在新闻中会有一种"移情"。"移情"本是心理分析的术语。在文学中，移情则是指写作者有意或无意将自己的经验或情感赋予客观事物。对于一个采访者来说，就是将基于自己生活经验的内心感受赋予被采访者，或者说被采访者的个人精神与情感感染了采访者，二者之间产生深刻的精神共鸣。写作者的主体意识在相互感染的事物中，发生深刻改变，物人一体，使写作者在接下来的写作过程中，发挥主观能动性，产生别具一格的修辞效果。例如，杜甫《春望》里的"感时花溅泪，恨别鸟惊心"。

第一章　相关概念

因为新闻写作是基于客观人和事基础上的写作。也就是说，无论哪种形式的新闻写作，都不能是莫须有的虚构，必然有一个主客观的二元存在。如此一来，由此及彼的移情修辞机制在新闻叙事，尤其在文学性的新闻叙事中就发挥着关键性作用，是认识并形成独特叙事风格的一个原点性的问题。比如说，美国作家杜鲁门·卡波特（Fruman Capote）的《冷血》源于堪萨斯的一桩凶杀案。1959年11月6日刊登在《纽约时报》上的这则新闻的表述是："今天，一位富裕的麦农，其妻和两个年少的孩子，在家遭枪击致死。他们皆被捆绑、堵塞后在近距离内被猎枪射死。"按照当时《纽约时报》的发行量，至少有成千上万的人读到这则消息，但是，读后感到瞬间有"被痛击"之感的也许只有卡波特。正如他说的："这个犯罪事件，瞬间痛击了我。"那么，为什么是他？因为卡波特生性敏感，具有极强的艺术感受力。他从这个看似非常简要的文字报道中立即嗅出某种悲剧的味道。至少，在他看来，整个事情绝对不会只是像报道里写的那样简单，尤其是那个杀手之一的佩里。可以肯定的是，就在他被"痛击"的那一瞬间，移情就已经产生了。

"移情"在文学创作中扮演着重要的角色，特别是在文学新闻的写作中。根据英国哲学家巴斯卡（Bhaskar）的现实主义理论，现实分为三个层面：经验、实际和真相，分别对应经验、事件和机制。追求事实的真相是文学新闻的终极愿景，写作者凭借含有一定艺术成分的写作机制，以文本的形式呈现经验。一流的叙事性新闻作品应该是基于某种经验基础上的，包含着写作者被真实世界的事件所激发或唤醒的个体生命经验，这正是移情之所以产生的情感土壤。新闻所追求的美学愿景不仅在于抵达生命或存在的真相，也在于其所能抵达的关于人的存在的哲学高度。

移情经验就是双方中的一方从对方的角度、视觉开始理解另一些思想和情感状况，而不是从他自己。移情从内在因素促生某种亲社会行为，人们的思想、情感及行为方式都是在一种由内而外的非外力强迫中产生的，因而带有更多的同情和怜悯。研究表明，应当提倡人们以移情的方式去理解世界，也就是所谓的"将心比心"。在这里，移情是采访者和写作者更好地看清事实和理解事件人物的基础原点。

同样在新闻翻译过程中，翻译者也要考虑到移情这一点，能够做到"将心比心"。真相就在事件的叙事机制中显现出来，新闻翻译者也是以追求各类事件、材料等背后的真相为叙事目标的。移情在叙事过程中酝酿并生发，最终让文章以不同于其他人的方式被理解。这种移情不会在叙事里很明显地表现出来，它类似盐溶于水，或者"草色遥看近却无"，让故事沉浸在写作中并具有

叙事学视域下的新闻翻译研究

美学意义上的风格和氛围，这也就是让一个写作者是他自己而不是别人的唯一性所在。移情如同一种工具，赋予写作者洞察、领悟和透视事物的能力，有助于写作者去感受并发现他自己是否也在被采访者那里得到某种精神的共鸣。假如写作者是"意识主体"，被采访者是"意识客体"，最成功、最完美的采访应该是主客体的意识以一种"合适的方式"交互反应，而移情则是最能帮他们找到这个"合适的方式"的途径。

那么，"过度移情"又如何呢？答案肯定是不好。人类拥有镜像神经元，可对他人产生同情。但作为一名新闻写作者，应该在一定程度上控制自己的移情。文学新闻写作者最为理想的移情状态，应该是能让写作者感受和找到最佳意识方式的移情，促生一种能够充分体现被参访对象生活经验的新意识，然后探索一种完美的叙述机制，最终为读者创造一种个体如何认识客观世界的可信关系。在多数情况下，这个"真相"并不是为读者去发现事物的对与错而呈现的，或者帮助读者去评判某人某事。文学新闻的目的在于揭示我们每个人都寄身其中的生活原本就是每个人的安身立命之所在。

移情能力是新闻写作者接近采写对象的重要途径，也是新闻翻译工作者传达源语文件思想内核的重要工具。它促进、激励写作者产生强大的主体意识，让写作者探索自己的主体意识和被采访者"意识客体"相遇的最佳途径，从而为他们的故事找到一种精彩且特别的叙事风格（叙事美学）奠定材料和情感基础。

（二）新闻叙事与翻译的技术处理

1. 对新闻文本进行增添建构

客观存在方面的因素如地域、环境和文化差异等，使得不同民族的交际语言具有各自的特点。例如，如果中国新闻想更好地传播到国外，为国外读者所理解，那我们必须认识到这一客观现实：不能"自言自语"，也就是不能"自说自话"。就中文新闻的英译而言，汉英新闻在句型、句法、语言表达的内涵和外延等方面存在着十分显著的差异。所以，译者必须在翻译过程中考虑这些实际问题，避免这些显性或隐性的差异造成低效或者无效的表达。

后经典叙事学的重要代表之一——蒙娜·贝克（Mona Baker），主张反映现实不是叙事的唯一功能，叙事的重点还在于建构现实；叙事也具有政治方面的意义。对一个叙事的接受是对其他叙事的否定，这就造成了叙事竞争。从某些方面来说，叙事不仅可以再现现有的权力结构，还可以提供一种挑战权力结构的方式。作为叙事的一种，翻译也是如此。从叙事学的角度来看，我们的叙事不仅仅是在叙事交流中（让对象更好地接受我们的叙事）；在某些情况下，我们还结合叙事话语来重构叙事，开展叙事竞争。作为一种叙事手段，在翻译中，新闻译者应根据实际情况，或为了更好地突出我们的叙事立场，进行解释性翻译，并适当添加叙事语言和信息，以此高效地实现叙事认同。

汉语表达的一个很突出的特点就是用四字词。这样的语言朗朗上口、洪亮有力。但是不熟悉中国政治理念及价值观的叙事接受者，看到一些四字词会很难理解。因此，译者有必要对一些术语进行认真处理，并在译文中增加必要的解释，以高效清晰地体现中国共产党作为执政党领导中国人民坚持中国特色社会主义道路的责任感以及使命感。在这个方面，新华网在翻译文本时就增加了必要的内容。

例如：各级政府要树立"四个意识"，坚定"四个自信"，坚决做到"两个维护"。

At every level of government, we should keep firmly in mind the need to maintain political integrity, think in big-picture terms, follow the leadership core, and keep in alignment.

We should strengthen our confidence in the path, theory, system, and culture of socialism with Chinese characteristics. We should resolutely uphold General Secretary Xi Jinping's core position on the Party Central Committee and in the Party as a whole, and resolutely uphold the Party Central Committee's authority and its centralized, unified leadership.

为了简化文字表达，高效地开展宣传，这种表达在汉语中很常见。所以说，在翻译工作中，针对叙事接受者不熟悉却能促进文本理解或可以切实提升政府形象的叙事，译者要具有正确的政治立场和职业道德，在需要增加相关叙事话语的部分进行补充，以加强叙事说服力。

2. 对新闻文本进行删减建构

删除和构建叙事内容即删减建构，是与增添叙事话语相反的一种手段，旨在有效地提升叙事接受度。汉语和英语在句法结构和语法结构上有一些显著差异。此外，在新闻叙事中，因为文本的特殊性，写作者需要简洁、全面地传达新闻事实。因此，译者应在新闻翻译中考虑语言表达，并遵循叙事接受者的语言规范。同时，还要关注中国新闻是否符合国外叙事受众的阅读习惯。不然的话，就要有效删除或调整新闻的翻译内容，以提高其叙述的可接受性。此外，在中文新闻报道中，标题、导语等文字信息可能占据很大的空间。译者若在翻译中不注意这些细节，就会影响叙事接受者对核心新闻事实的理解。

例如，2019年12月10日至12日，中央经济工作会议于北京召开。在全

叙事学视域下的新闻翻译研究

面总结2019年经济工作的同时，针对2020年经济工作开展了重点化的部署。党和国家主要领导人出席了这次重要会议。根据新闻的事实，新华网发表了题为"中央经济工作会议在北京举行，习近平李克强作重要讲话，栗战书、汪洋、王沪宁、赵乐际、韩正出席会议"的中文标题稿。新华网在导言中首先阐述了出席会议的党和国家主要领导人，之后在第二段阐述了会议的核心内容。

此后，新华网用近4500字的篇幅全面报道了会议的主要内容，使读者对会议的相关内容有了充分的了解。对中国读者而言，这样的叙事模式是十分可行的。介绍参加会议的主要领导人可以突出会议的重要性和高标准。同时，重点介绍会议内容可以更好地传播新闻，及时将党和国家的重要会议公之于众，也可以体现公民参政的主人翁地位。然而，如果这种叙事模式被照搬到国外，可能不会产生好的效果。首先，对新闻叙事参与者的第一次介绍冲淡了叙事的核心；其次，这次会议的内容主要是经济工作。对于普通的国外叙事接受者来说，这太专业了，许多人不熟悉也不感兴趣。因此，新华网在翻译这则新闻时，进行了大幅度的删减和调整。首先，删除中文标题中的所有参与者，只保留核心新闻叙事信息；其次，在导言和正文中强调会议的重点。通篇只有中央经济工作会议的基本叙述，即会议的时间和地点，以及习近平总书记对经济工作的总结和明年经济工作的部署。以下是相关翻译：

China holds key economic meeting to plan for 2020

BEIJING — The annual Central Economic Work Conference was held in Beijing from Tuesday to Thursday, as Chinese leaders charted course for the economy in 2020.

In a speech at the conference, Xi Jinping, general secretary of the Communist Party of China (CPC) Central Committee, Chinese president and chairman of the Central Military Commission, reviewed the country's economic work in 2019, analyzed the current situation and outlined key tasks for 2020.

3. 对新闻文本进行重构

汉语和英语在规划布局上也存在显著的不同。例如，汉语在文本中的表达是"螺旋式"的，从边缘开始，最终澄清主题；而英语的表达是"线性"的，先突出主题，然后逐层讨论和分析。中英新闻文本的结构、标题、导言基本相同，即标题必须简明扼要，导言可以从一开始就清晰明了，直达主题。然而，主体部分仍然存在差异。例如，中文新闻在介绍后多以"螺旋"形式表达，而英文新闻则多以"线性"形式表达。所以说，在新闻翻译中，译者要切实弄清楚在表达和结构上中英新闻文本的相同之处和不同点，从而进行一定的调整，有时可根据实际情况对文本进行重构，以便准确又高效地完成新闻叙事。

第一章 相关概念

在新闻翻译中，相关译者要对英汉语言的异同进行充分的、理性的把握，做好新闻叙事工作。然而，新闻文本的重构并不适合所有文本。译者不能随意重构，不然将会出现不忠实于原文的翻译。译者应根据文本内容、中西思维、写作差异等，有针对性地构建文本，更好地反映新闻叙事；必要时，借助文本建构开展叙事。

因此，在新闻翻译中，除了简单的删减和增添之外，有些时候新闻译者还需对原文进行调整，在语篇层面进行重构，以符合国外叙事接受者的习惯。中国人具有综合性思维，强调"从多归一"的曲线式思维方式，表现在语篇组织上，通常采用"具体—归纳"的方法和"流水型"句子结构。西方读者则是分析式思维，反映在语篇组织上，通常采取开门见山式的"演绎推理"方法和"树杈型"句子结构。例如：

该市地界巴山楚水，湖光山色秀丽，名胜古迹、自然风光融为一体，遍布其间，是理想的旅游胜地。

汉语原文采用并列结构，层层推进，尾句总结，为典型的"具体—归纳"行文方式及"流水型"句子结构。鉴于中西思维方式的差异，在翻译时需进行重构，以"该市……是理想的旅游胜地"为主句结构，在此基础上进行演绎添加，从而使译文形成英语中"演绎推理"的行文方式及"树杈型"句子结构，以贴近国外叙事接受者的思维方式和表达习惯，译文如下：

The city, bordering Sichuan and Hubei provinces, is an ideal tourism attraction with its panoramic views dotted by mountains, rivers, lakes and historical sites.

上述的讨论是以一个句子为单位（也是一个完整意义语篇）来讨论新闻翻译的重构的。事实上，为了达到更好的交流目的，新闻译者还要经常根据翻译的目的、原文性质和国外叙事接受者的习惯，确定重构幅度的大小，小的可能是句子的重构，大的可以是对整个篇章的重构。

现在来看一篇对整个语篇进行重构的例子：

西苑饭店

西苑饭店是一座具有国际四星级水准的大型涉外饭店，位于北京三里河路，与进出口谈判大楼、北京图书馆、首都体育馆等毗邻，环境优美，交通便利。

饭店共有客房1300余套，房间舒适、宁静，配有全套现代化设施。饭店共设餐厅、酒吧12个，中餐经营粤、鲁、川、淮扬及清真风味菜肴；西餐主要经营俄式、法式及英式大菜。饭店还设有传真、电传、国际直拨电话等现代化通信设施及各种综合服务设施和娱乐设施，为每位宾客提供尽善尽美的服务。

西苑饭店欢迎您的光临。

上述是"西苑饭店"的介绍性语篇，该语篇以"西苑饭店"为标题，从饭店定位、地理位置和交通谈起，以介绍饭店先进的住宿、餐饮和通信服务为主体，最后发出邀约，这符合汉语介绍的一般语篇规律。在大多数情况下，汉英在宾馆、饭店介绍语篇中的"纲要式结构"基本一致，如两者都是由标题、正文和口号组成，但"体现样式"存在着明显差别。就标题而言，汉语多数为宾馆、饭店的名称；而英语的标题则在尽可能包含名称的前提下，注重突出新信息和修辞手段，以引起潜在顾客的注意。在正文中，汉语较为强调语篇的概念功能，忽略人际功能，主题多以事为中心，较少使用人称代词；相反，英语则重视人际功能，以人为本，多用含有"you"的句子，表现出友好、热情的服务意识。至于口号，由于它是一种加强人际功能的语言手段，目的是拉近人际距离、激发顾客信心、促成最终行动，在中英文中都不可或缺。针对上述差异，西苑饭店的介绍可译为：

Xiyuan Hotel

Luxuriance, Convenience and Reassurance

The four star Xiyuan hotel boasts of easy transportation, quiet and elegant environment as well as first class service.

Located at Sanlihe Road and adjacent to the Negotiation Building, the Beijing Library and the Capital Gymnasium, Xiyuan Hotel is within your easy reach.

In all of the 1 300 guest rooms and suites, you can enjoy the opulent comforts of the modern facilities and courtesy service.

The 12 restaurants and bars offer you both Chinese food including Cantonese, Shandong, Sichuan, Huaiyang and Moslem cuisine, and Western food featuring Russian, French and British dishes.

The up-to-date communication facilities, the recreational appliances and other comprehensive services are sure to win your appreciation.

When in Beiing, make your choice Xiyuan Hotel.

Xiyuan Hotel: Service is all and all is for you.

从上述重组翻译可以看出，译文在标题上不仅包含了饭店名称，还使用了三个名词组成排比结构，突出了饭店的奢华、便利和安全；在主体部分先总后分，分别介绍了饭店便利的交通、舒适的住宿、多样的餐饮和先进的通信，但与中文以事为中心不同，英文译文更多突出的是"you"，体现出"以人为本"的服务态度，最后也是发出邀约。通过这种重组，英文译文更符合潜在顾客的阅读习惯，从而使这些潜在顾客历经从心动到行动的转变，取得最佳的服务推销效果。

事实上，除了企业介绍，学校简介、景点介绍、商务信函、新闻报道这些材料的翻译都经常涉及整个语篇的重构。需要指出的是，重构是针对一般性文章而言的，对于政府文件这样的文本，新闻译者只有重组句子或段落的权利，无权重构整个语篇。

总而言之，除了政府文件等意识形态极强的新闻材料采用全译方式之外，在新闻翻译中，译者通常要采用删减、增添、重组这些编译手段，删除冗余内容、补充相关背景、对接目的语篇，以帮助国外叙事接受者更好地理解、接受、认同原文要传递的信息和观点，取得最佳的传播效果。

综上所述，无论是从后经典叙事学重视读者的角度，还是从新闻翻译所具有的传播特性，新闻翻译的叙事接受都应是叙事学视域下新闻翻译研究应有之意。新闻译者要根据叙事接受者的差异、新闻翻译的既竞争又交流的双重性质，采取"归化""异化"二元并存的翻译策略，适度使用"中国式英语"，同时面向国外叙事接受者采用删减、增添和重构等"编译"手段，切实提高新闻翻译的叙事接受效果。

第二章　叙事与新闻翻译研究背景

本章对叙事与新闻翻译的研究背景进行了一定的分析，主要从两方面展开，即"国内外研究综述""新闻与叙事翻译现状"。

第一节　国内外研究综述

一、国外研究

在知网中，用"News Translation"（新闻翻译）作为关键词进行检索，发现国外学者对新闻翻译的研究可分为两大类：一类是从微观角度出发，从新闻文本本身着手，重点分析新闻文本特点，如《批评性话语分析与新闻翻译：以BBC新闻为例》；另一类则从宏观角度出发，挖掘影响新闻翻译活动的相关因素，如《新闻翻译的过去与现在：沉默的目击者与看不见的入侵者》。

此外，在对叙事性理论的研究中，国外早于国内，早期，学者托多罗夫（Todoror）就开始从文学作品的语法结构着手研究其语法的文学性。普林斯在《叙事学：叙事的形式与功能》一书中围绕所有可能的叙事形式与功能展开讨论。学者戴维·赫尔曼（David Herman）在1997年的一本杂志上发表了文章《认知草案、序列、故事：后经典叙事学的要素》，首次提出了"后经典叙事学"这一词汇，随后，他主编的《复数的后经典叙事学：叙事分析新视野》一书进一步研究讨论了20世纪90年代后经典叙事学的发展概况。2005年，由戴维·赫尔曼、曼弗雷德·雅恩（Manfred Jahn）和玛丽-劳尔·瑞安（Marie-Laure Ryan）共同编辑的《劳特利奇叙事理论百科全书》，定义并研究了成千上万的、涉及各种形式的叙事术语和概念，书中提出两种叙事现象：叙事转向与多元化叙事学复兴，该书也是在后经典叙事学的基础上进行新层面的总结，为后来的叙事研究奠定重要基础。

第二章　叙事与新闻翻译研究背景

二、国内研究

再将检索词定为"叙事理论",并通过分析研究检索得到的文章,发现国内叙事思想的萌芽虽然始于先秦到两汉时期,但是直到魏晋与唐宋时期,叙事思想与叙事理论才得到一定发展,然而这些都属于中国古代叙事理论。中国近代叙事理论的研究起源于 20 世纪 80 年代,随着西方"叙事学"的引入,当时中国大多数学者都学习借鉴西方叙事理论,利用其理论框架进行学术研究,而忽视了国内叙事理论的发展。因此,我国叙事理论的研究起步相对较晚。同时,大多数学者在研究中将叙事理论运用到文学作品以及电影剧本的分析中,对非文学领域则涉及甚少。

再对"新闻翻译"与"叙事理论"的交叉点进行分析,将检索词改为"新闻翻译""叙事理论"进行检索,得到的篇数更少,但也具有一定借鉴意义。其中,学者程维在《中国翻译》发表的《"再叙事"视阈下的英汉新闻编译》一文,详细阐述了叙事建构这一主题,明确指出了两种翻译策略:参与者的重新定位与加标记建构,这对本书的叙事建构研究具有一定的借鉴作用;学者李娜的《人物特写编译的新闻叙事学分析——以新华社中共中央常委习近平特稿为例》一文也具有一定的启迪与借鉴意义。该文通过叙事对文本进行分析,并由此归纳出相应的主要翻译策略。但是该文未提到叙事建构这一主题,这是它与本书的最大差异。

此外,叙事理论的研究在国内起步也较晚,学者谭军强在其著作《叙事学导论——从经典叙事学到后经典叙事学》中讨论了经典叙事学的各种理论、经典叙事学到后经典叙事学的发展历程以及经典叙事学如何向后经典叙事学进行转向。他认为,叙事学本身的研究主要集中于两个不同的层面:一个是叙事结构的层面(即叙事语法),一个是叙事话语。谭军强在另外一本著作——《审美文化叙事学:理论与实践》中对叙事学未来发展的构想进行了阐述。学者尚必武在《追寻叙事的动力》一书中就费伦的修辞叙事理论展开了探讨,相比于《追寻叙事的动力》,他在 2013 年出版的《当代西方后经典叙事学研究》一书中将后经典叙事学作为研究对象,总结西方后经典叙事学的理论成果,这也是继之前所研究的叙事理论之后更为广阔的研究领域,是一部叙事学力作。该书总结了经典叙事学是基于文本语言的表达,时序性地安排叙事事件以及情境的研究领域。后经典叙事学是超越文字的叙事,更加多元化,也有着更加动态性的发展趋势。随着叙事学研究的深入,叙事理论也开始发生空间转向。2014 年出版的《空间叙事研究》是国内第一本专门研究空间叙事理论的著作，学者龙迪勇在书中将与叙事有关的空间分为故事、形式、心理以及存在这四种形式，从这几个空间概念出发，对叙事与空间问题展开全面研究。

由于新闻翻译研究涉及新闻、翻译、媒体与叙事等诸多关键概念，中英文表述较为多样，为保证数据样本的全面性，本书设置多组检索词进行交叉检索，检索数据的时间节点为2000—2018年。通过分析检索结果可知：从发文量来看，国内新闻翻译研究没有落后于国际同行。总体来说，国内外新闻翻译研究均处于快速发展的繁荣时期。国外核心论文发文量在2010—2011年达到高峰，国内核心论文发文量在2015年达到高峰。在2015年后，国外发文量稳中有降，国内发文量稳中有升。

2018年，学者覃斌健、张美芳发表的《新闻翻译中的叙事重构：以斯诺登事件为例》将新闻翻译与叙事结合起来；2020年，学者唐艺嘉发表的《叙事理论视角下新闻翻译的叙事建构策略》一文，对新闻翻译与叙事学的结合进行了一定的分析，这些相关研究对本书都有一定的借鉴意义。其中，很多学者所使用的叙事理论观点与本书进行分析研究所采用的叙事基本观点有相似之处。

从理论意义上看，新闻翻译与叙事学的结合研究缺乏理论支撑，叙事性理论可以为新闻翻译研究提供有力理论依据。在新闻翻译的研究领域，叙事性理论作为新兴理论，也可以为其理论研究发展提供新思路。从现实意义上看，以叙事性理论为基础研究新闻翻译，可为新闻翻译实践提供创新理念，解决现存问题。

第二节 新闻与叙事翻译现状

本节对新闻与叙事翻译现状进行了研究，主要对新闻与叙事翻译的难点问题进行了分析，同时以新闻汉英翻译为例来分析具体的问题。

一、新闻与叙事翻译的难点问题

（一）标题信息方面的问题

就标题而言，原文的标题可能会出现形式复杂多变、逻辑含糊不清的问题。许多标题以主副标题组合的形式出现，承载了大量的信息，导致整个标题的表达有失简练。如"聚焦中国与世界关系——改革开放四十周年系列论坛在复旦大学举行""立德树人传承精神追求卓越投身双一流建设——2018年复旦大学新教工岗前培训举行"。译者如果不假思索地按照原文直译，会造成译文的冗长，影响译文的可读性。

还有一些标题以两个分句并列、空格隔开的形式呈现，但两个分句之间的逻辑关系不明显，或者是没有很大关联。译者如果仅翻译字面意思，依靠目标受众去把握标题的内在联系，容易给读者造成理解上的困难。

（二）叙事导语方面的问题

尽管原文导语包含了必要的新闻要素，但篇幅普遍较长、字数较多。这是因为中文导语包含了大量人名、头衔、职位等专有名词，以及一些不必要的背景铺垫。如果不对导语进行精简提炼，势必也会造成译文过长。另外，原文导语的新闻要素按重要性递增的顺序排列，这有悖于英语新闻导语的写作规范，所以，译者直译原文是不符合目标受众的阅读习惯的。

（三）新闻主体方面的问题

新闻主体可能会存在篇幅过长、信息杂乱、层次不清的问题。如果不根据读者的阅读习惯梳理原文，提取关键信息，删除冗余信息，将新闻事实按重要性由高到低排列，既不利于读者迅速获取最关键的信息，也不符合译入语新闻的文体规范。在本书的撰写过程中，笔者从中国高校网站新闻英译角度入手，查阅了相关文献资料，了解了国家新闻翻译层面的最新指导思想，同时对新华网、教育部英文网站以及国内权威译者翻译的时政著作英译本进行研究，进而对项目中的翻译难点有了新的解决思路。

二、以新闻汉英翻译为例分析具体问题

（一）文化方面

例如：

① Deputy Secretary of the Party Committee and President of U1 ×× received guests...

校长兼任校党委副书记一职在国内高校非常普遍，极具中国特色，但海外受众未必了解，在此采用省译将不影响句子整体意思。建议改为：U1 President N welcomed U2 delegation headed by ××.

② President N1 met with the guests in Conference Room ×× of the Administrative Building.

海外受众并不关心例②中的会议室信息。因此，译者在翻译时完全可以不译。

（二）修辞方面

修辞问题主要体现在词语选择、动词时态、修辞风格等方面，下面举例说明。

1. 词语选择

通过分析高校英文网页中的外事新闻语料，可发现从标题、导语到正文，新闻译文的词语变化少、缺乏多样性。作为新闻之眼的标题，是吸引潜在受众继续阅读和关注文章的重要信息。而新闻译文的标题常使用的动词是 visit 和 meet with，且标题结构单一。鉴于高校外事新闻涉及的主要活动为合作会谈、学位项目推进、签署协议、揭牌仪式、联合科研实验室等，译者在处理语篇时可提取文章的核心内涵，采用多元、灵活、有新意的表达方式。例如：

① build/strengthen partnership with...//partner/collaborate with...（与××高校建立/加强友好合作关系）

② expand cooperation with...//...to cooperate on...（与××高校扩大合作/在××领域的合作）

③ renews partnership agreement with...//launch joint research lab...（与××高校续签合作协议/与××高校共建研究实验室）

④ U2 : cooperation opportunities with U1//links with U1 strengthened with visit of U2（高校2与高校1扩大在各领域的合作/高校2的到来将进一步加强与高校1的友好合作关系）

⑤ establishment of a XX dual-degree program between U1 and U2//cooperation agreement signed with U2（两校开展双学位项目/两校签署合作协议）

⑥ the delegation were treated to a visit to.../were given a tour of...（代表团参观了……）

2. 动词时态

例如：

① Delegation Headed by U2 President N <u>Visited</u> U1

② CPC Secretary of U1 <u>Met with</u> Delegation of U2

③ the Opening Ceremony of ×× Institute <u>was Held</u> at U1

以上 3 处画线部分均是动词时态的误用。英语新闻标题常使用一般现在时表示已发生的新闻事件，用不定式表达将来发生的事情，用现在分词表示正在进行的动作或正在发生的事态。此外，新闻标题不使用句号。因此建议分别改为："...Visits..." "Meets with..." "...is Held at"。

3. 修辞风格

（1）修辞风格的客观性

汉语语篇多用修饰词传达积极的意义，对合作双方的表现做出自己的评价与判断，而英语语篇注重新闻事件的客观性，其评价也相对中性。例如：

① President N1 extended his warm welcome to the visiting delegation and said that the cooperation between the two universities achieved good results.

② President N2 expressed his heartfelt thanks for our warm reception...

以上两例中的单词带有积极感情色彩，可引起国内受众的共鸣，而英文语境中的受众会对此感到不习惯。

因此，在汉译英时，进行朴素表达即可。建议改为：President N1 praised the success of the collaboration with U2./President N2 expressed his thanks/gratitude to U1 for the reception...

译者在语言表达上应用事实说话，重视事实、微观、具体。

（2）修辞风格的逻辑性

在对外传播中，一些新闻存在一个普遍的问题，即缺乏逻辑性。英语和汉语在表达习惯上存在诸多不同，中文更强调内容的完整性，通过修辞来表达强烈的情绪。而英语更看重前后的逻辑性，通过形式上的修饰来强化表达的效果。例如：

Vice-President Zhu said that since the establishment of cooperation between the two universities, fruitful results have been achieved and breakthroughs have been made in joint research and teacher-student exchanges. She also mentioned the two universities would develop new cooperation in art design and hoped that the two universities could maintain enthusiasm for cooperation, bring more fruitful results and better serve the teachers and students of two universities and regional economic development.

以上译文由两个大长句构成，表达冗长却无益于受众的理解，对阅读造成了干扰。英语语言侧重形式衔接，通过介词、连接词或关联词等体现句子的逻辑内涵，为实现读者友好型译文，建议修改如下：

VP Zhu commented/pointed out that the past XX years have witnessed the fruitful cooperation with U2 in joint research and academic exchanges. Apart from the joint research lab of smart fashion design, the partners can cooperate on art. She encouraged both sides to further explore the cooperation opportunities to benefit both students and staff as well as regional economy.

以上例证表明，译者应了解不同受众的文化，区分不同受众的类别，尊重受众的需求和习惯。

（三）语篇方面

在使用英文呈现新闻语篇时，可根据新闻的标题、导语、正文等使用不同字号、字体、颜色或形式满足受众对快速获取重要信息的需求。

比如，针对现有英文网站导航中出现的词汇过载现象，如 previous page、next page，建议使用前后箭头表示，或直接简化为 previous 或 next。

本书旨在与译者共同探索新闻语篇的文体特征，通过对汉英语篇的对比分析，深入了解二者在修辞、结构、文化等方面的差异，探讨差异背后不同的意识形态与思维方式。要讲好新闻，应以受众为中心，从听者的利益关切、价值取向、思维、语言、习惯等方面考虑，结合自身话语目的，进行调控匹配，树立"受众本位观"。

三、全媒体时期新闻翻译的积极转变

在国际科技文化交流日益频繁的今天，人们越来越离不开信息的传播。新闻翻译以其特有的方式有效、快速地将信息传递给广大读者。新闻工作者不但要捕捉最具新闻价值的信息，而且要准确无误地传递信息。新闻翻译的主要目的在于传递信息，但同时必须注重信息的时效性和准确性。新闻涉及社会各个领域。新闻翻译是应用文体翻译的重要类别，既担负着传播新闻资讯的使命，又在两种语言和文化之间架起沟通的桥梁，是国际信息和语言文化交流的重要手段。作为一种跨语言、跨文化的传播方式，新闻翻译的主要任务是准确、高效地传递信息。有效的信息传播取决于信息、信息发出者与信息接收者之间良好的互动关系，因此译稿的传播效果及其在译语读者中的接受度是衡量新闻翻译成功与否的重要标准，也是新闻翻译特性的主要体现。新闻翻译是一种职业，一项工作，一座桥梁，一门艺术。它能使通晓某一语言的读者获悉用其他语言采集和报道的新闻。因此，新闻翻译能帮助读者扩大视听范围，增加他们获得信息的数量，提高信息质量，增长他们的知识和见闻，提高他们分析和判断问题的能力，使他们在激烈的社会竞争中处于更加有利的地位，能更充分地享受"知的权利"，更好地参与国家和社会的管理，更有效地行使当家做主的权利和履行当家做主的义务。

如今翻译学研究越来越重视"从文化层面上对翻译进行整体性的思考"。翻译已不再被看作一种简单的双语转换行为，而被视为"一种独特的政治行为、文化行为、文学行为"。翻译叙事学认为，翻译是政治的一部分且参与和创造政治；译者受国家意识形态、媒体编辑方针等因素影响，不可能做到完全中立。新闻翻译，尤其是时政新闻编译实质是一种话语再叙事，是公共叙事主体争取传播话语权、维护国家利益的途径。在现今由西方媒体主导的传播领域中，为避免"陷入西方文化霸权主义的旋涡，在国际舆论中失语"，译者不能一味固执地追求忠实原文、坚持译者的"隐身"。合理运用叙事建构策略能引导和制约受众对报道的反应、操控读者对叙事的解读、提高我国对外编译传播效果。为更好地树立国家形象，新闻编译者不能盲目屈从西方媒体的强势话语，而应灵活理性地进行叙事重构，在帮助国人了解外媒眼中中国的同时实现预期的叙事目标。在此，本书分析《参考消息》《环球时报》等主流媒体的翻译现状，以此为例来研究新闻翻译的积极转变之处。

（一）明确时空建构

蒙娜·贝克认为，时空建构是指，选择一个文本，将其置于另一个时空语境中，尽可能与这个文本原来所处的时空语境迥异。新的语境将更加凸显该文本的叙事，并引导读者将它和现实生活中的叙事联系起来。在英语新闻汉译活动中，译者可以通过叙事时间的转换与叙事空间的重建完成对文本的时空建构，避免明显地干涉源语文本，达到积极建构叙事时空的目的。

叙事的时间性特征要求叙事者在阐述事件时，要按照"正确的"叙事顺序合理叙事。简而言之，叙事的各要素总是按照某一顺序排列，以便搭建沟通的桥梁。此外，我们都知道英汉两种语言在构句上有较大的差异：英语句子将主谓结构作为句子的主干，其它成分作为其枝干，对主干内容进行补充、说明、修饰等，其句子结构成树型；汉语句子的表达习惯往往是按照某一时间或逻辑顺序逐层交代的，其句子结构呈线型。二者的构句差异决定了译者在进行英语新闻汉译活动时，有必要对叙事时间进行调整，以符合中文的叙事习惯。

（二）选择性采用文本素材

以《中国日报》网络双语新闻栏目为例，其相应的编辑与新闻翻译工作者并未选取所有出现在外国新闻网站上的新闻报道，而是有针对性地选取一部分新闻内容供中国读者阅读与学习，同时常常省略带有敏感政治信息或者不能吸引中国读者阅读兴趣的新闻内容。选择性采用文本素材是完全符合叙事的选择性采用特点的，它不仅有助于激发读者的阅读兴趣，还有利于营造良好的网络阅读氛围。该栏目对2016年8月5日至21日在巴西举办的第31届夏季奥林匹克运动会进行专题报道，并有选择性地采用新闻报道的素材。

作为一场重要的国际体育赛事，对运动员以及各国获奖情况的报道当然是新闻报道必不可少的环节。但是除了报道这些基本赛事情况之外，该栏目也选取了许多十分有意思、有意义的新闻话题，如"老当益壮！拼搏在奥运赛场的老将们"（Rio Olympics: Older athletes still at the top），"爱在奥运进行时：扒一扒奥运会成就的体坛情侣"（Love in the time of the Olympics），"推特炸开锅了：里约健儿怪咖发型引众人吐槽"（Twitter explores as Olympic athletes display bizarre bamets in Rio），"奥运狂人：中国大爷骑三轮车去里约"（Meet the guy who rode a rickshaw from China to Rio for the Olympics）等。同时，这些新闻素材的选择也都具有可读性，积极引导人们参与到奥运活动中。

（三）灵活转换词汇和句子

在翻译新闻报道时，经常需要对词汇和句子进行灵活转换，替换或省略部分词汇，使句子更有冲击力；转换句子表达，使其更好地适应语境需要。新闻报道的标题中经常会出现词汇的替换和省略。新闻标题是整个新闻报道的眼睛，只有眼睛炯炯有神，才能吸引读者的注意力，同时读者对新闻标题的理解是其继续阅读新闻内容的关键。如"Demand, meet supply"，读者初看此新闻时可能一时未能猜出它所要传递的新闻信息，然而只要阅读其导语"Most Americans would get married, if only they could find someone suitable"，就不难猜出这是一则有关美国婚姻问题的新闻报道，说明了大多数美国人是向往结婚的，只是还没有遇到合适的人而已。在导语中，作者使用虚拟语气，表示一种假设或美好的愿望。由此可见，美国人的婚姻状况并不容乐观。标题中demand与supply是一组对立词，supply meets demand（供应满足需求）才是大家平时常见的说法，然而逗号的使用以及词语的头尾对调表明双方处于"此消彼长"的关系中。若将导语信息内容考虑其中，读者就不难发现，美国人结婚的需求走高，但是适合跟他们结婚的人却不易找到。因此，在翻译的过程中，译者需要在准确把握原文内容的前提下，通过替换新闻报道词汇，为读者构建一个完整的叙事环境，使读者通过新闻标题就能了解本则新闻报道的主要信息。因此，本则新闻的标题被译为"需求走高，供给不足"。通过替换新闻报道词汇，译者可有效地补充原文所缺失的信息内容，保证了新闻叙事的关联性，同时也强调了当前美国人的婚姻关系处于一个相对困窘的状况。

句子的转换则更加普遍。如"A richer, slower-growing and choosier China is becoming an exporter as well as importer"，本例句的句式结构清晰，并不复杂，但是翻译的难点在于 China 前面的三个修饰语 richer、slower-growing、choosier，这三个比较级形容词分别从不同的侧面描述了当前中国经济的发展状况：richer 从财富的角度表明中国更富有，slower-growing 从经济增长的速度说明中国经济以缓慢的方式增长，choosier 从整体上总结了当前中国有着更多的选择。在汉译时，译者需要增加文本素材的叙事内容，补充这三个形容词的具体指代意义。同时，译者还需要重新建构文本的叙事环境，先描述中国当前的状态，继而描述其产生的影响，这符合叙事的关联性特征与因果情节设置特征。

通过以上的分析，我们可以看到，虽然有的新闻翻译还存在着一些普遍的问题，但是当前我国的新闻翻译已经取得了很大的进步，体现了我国新闻翻译在如今的需求下积极寻求改变的动力。

第三章　叙事学与新闻翻译的关联

本章的主要内容是叙事学与新闻翻译的关联，分析了叙事学的经典演进、叙事学与新闻翻译的关系、叙事学与新闻翻译的结合这几个方面。

第一节　叙事学的经典演进

叙事学分为经典叙事学与后经典叙事学，20世纪70年代初，由于受到了结构主义的启发，经典叙事学诞生了。经典叙事学研究的内容既包括所有叙事类型的共性，也包括各个叙事类型的特性。经典叙事学关注如何使叙事产生影响。普林斯认为，经典叙事学具有形式主义的特征，主要关注叙事文本形式上的不同。后经典叙事学是在经典叙事学的研究基础之上的推陈出新，后经典叙事学不仅研究叙事的形式，也会研究叙事的结构、叙事的功能、叙事的机制、叙事的意义等，并且后经典叙事学会参考更多的学科领域以及做出更多维度的探索，后经典叙事学是对经典叙事学的丰富以及延伸，为叙事学的发展打下坚实的基础。

一、叙事学的兴起

叙事性理论的研究先从"叙事"开始，即文学作品的叙事，再由单一的文学词汇转为一门学科并形成理论。研究叙事性理论，主要就是研究叙事学。叙事学的研究主要包括经典叙事学与后经典叙事学，经典叙事学兴起于20世纪70年代，又被称作结构主义叙事学，在经历了一系列的发展演变后，于20世纪90年代开始转向后经典叙事学，后经典叙事学在结构主义叙事学的理论基础上增加了对叙事空间的研究。

事实上，叙事学是法国著名结构主义符号学家、文艺理论家托多罗夫提出的。1969年，他在《〈十日谈〉的语法》中首次提出叙事学理论，认为叙事学是关于叙事结构的理论。经过发展，学界认为，叙事学是在法国结构主义推动下形成的一门新兴科学。

尽管托多罗夫在1969年才提出叙事学，但是，人们在此之前早就已经开始讨论叙事问题。学界普遍认为，柏拉图对叙事进行的模仿和叙事的二分说是叙事讨论的发端。

应该说，学界普遍认为，叙事学的诞生以法国《交流》杂志出版的专号"符号学研究——叙事作品结构分析"为标志。同时还认为，叙事学的发展经历了从结构主义叙事学到"新叙事理论"或者说从经典叙事学到后经典叙事学的转向。在20世纪60年代兴起于法国的叙事学为结构主义叙事学，也被称为经典叙事学。经典叙事学建立在结构主义理论的基础上，认为故事决定情节，情节是故事在文本中的表现形态。20世纪90年代以后的叙事学为新叙事理论，也被称为后经典叙事学。后经典叙事学广泛吸收了女性主义、接受美学、解构主义、精神分析学等理论成果，认为情节显示故事，并且在对文本的阐释中，读者自身所处的时空位置起到了重要的作用。

二、经典叙事学

法国比较文学家保罗·梵·第根（Paul Van Tieghem）认为："一种心智的产物是罕有孤立的……它有着前驱者，它也会有后继者。"叙事学也不例外，它诞生于20世纪60年代，但是，早在1928年，俄国形式主义学者弗拉基米尔·普洛普（Vladimir Propp）就出版了《故事形态学》。这部里程碑式的著作提出了叙事功能理论，创造了分析民间故事的"功能·行动"模式（包括7种"行动范围"和31种功能），这31种功能涵盖了普洛普搜集到的所有民间故事。俄国形式主义文学理论经普洛普分析研究后拓展成叙事学，因此普洛普被推崇为叙事学理论的鼻祖。

1958年，法国人类学家克洛德·列维－斯特劳斯（Claude Levi-Strauss）出版了《结构人类学》。他用结构分析的方法从不同的层面切入神话，提出了"相对成分分析法"。通过对神话进行研究，透过神话表面离奇古怪的表象，探究神话表层结构下共同的深层结构。他部分赞成又部分否定普洛普的理论，他批评了《故事形态学》，引起了一场争论。在叙事逻辑上，法国著名叙述家布雷蒙（Bremont）否定"功能与行动"模式，以"叙事序列"为基本叙事单元，将"叙事序列"分为"基本序列"和"复合序列"，以适应多样化的故事类型。叙述家格雷马斯（Greimas）的学术建构特别详细和精确。1966年，格雷马斯出版了一本关于语义学的专著《结构语义学》。在他的专著中，他把叙事作品的人物概括为可以揭示现象之间关系的结构模型即角色模型，提出了被称为"格雷马斯符号学的最高成就"的"语义矩阵"，并将其应用于叙事作品的结构分析中，为作品分析提供了新思路和新视角。

因此，一些学者主张古典叙事学可能与20世纪六七十年代的法国结构主义叙事学相对应。

在《〈十日谈〉的语法》中，托多罗夫首次提出并阐述了叙事学的概念，根据文学作品的句子安排研究了叙事结构，创造了"平衡—失衡—新平衡"的叙事模式，即从平衡状态到平衡被打破的状态，在不平衡的状态下叙事，最后被新的对立力量所征服，达到新的平衡或"完美"状态。这种"循环叙述"方法经常被文学作品、影视剧使用。除此以外，他在《奇幻文学导论》中还探究了体裁理论方面的问题，他的研究成果还有《批评之批评》《散文的诗学》等重要著作。在叙事学历史上，除了占据重要地位的法国结构主义叙事学者及其理论，德国的弗朗茨·斯坦泽尔（Franz Stanzel）和埃贝哈德·莱默特（Eberhand Lammert）的叙事著作也影响深远。1984年，斯坦泽尔的《叙事理论》英文版发行，在学术界引起了前所未有的讨论。巴尔以叙事视角和隐含作者为研究对象探讨叙事学，其《叙事学：叙事理论导论》被认为叙事理论的经典之作。

经典叙事学认为，叙事文本是一个不受外部规则约束的、内部自给自足的系统。此外，它还强调了研究对象的静态性和共时性。它所分析和描述的不是详细的、个性化的叙事作品，而是这些作品中抽象的叙事结构。经典叙事学有利于避免传统批评依赖心理因素、社会和主观假设的倾向，强调叙事文本的独立性和内在性，突出作品作为文本的核心地位，清楚地展现叙事作品的结构形式。当然，经典叙事学也有明显的历史局限性，主要表现在研究对象单一，局限于虚构的叙事作品，割裂了作品与社会、历史、文化语境之间的联系。

叙事学研究主要聚焦在两个方面。第一个是叙事结构，它着重研究叙事的性质、形式和功能（无论出现何种表达媒介），尝试总结叙事能力。它从故事、叙述以及它们之间的关系的层面上考察了叙事作品以外所有作品的共同特征，并讨论了它们的个性特征。第二个是叙事语篇，研究叙事文本中话语表达模式的时间状态和事件，关注故事与叙事文本、叙事过程与叙事文本、故事与叙事过程之间可能存在的关系，不注意故事层次本身，不尝试构建故事或情节。具体而言，它检查时态、模式和声音。

在叙事学研究中，叙事结构与结构主义的关系更为密切。普林斯认为，这是一个受结构主义启发的研究。这一研究无疑受到了由普洛普发起的童话结构研究的影响。它着重于叙述故事的逻辑、句法和结构，即广义的叙述语法。它试图探索它们在任何叙事作品中的共同特征和叙事结构，无论它们是由什么媒介构成的。

三、后经典叙事学

后经典叙事学是兴盛于20世纪90年代初期的理论，关注"新兴媒体和叙事逻辑"，从而开启了跨学科叙事研究的新时代。

赫尔曼指出，叙事学不仅是结构主义文学的一个分支，还是话语、文学、史学、对话、电影等领域的叙事组织。在空间叙事研究中，龙迪勇对以小说为主导的文学叙事（时间艺术）的空间问题、以绘画和雕塑为代表的意象叙事（空间艺术）的时间特征、意象叙事与文本叙事的相互模仿与转换等，做了深刻的阐述。

莫妮卡·弗洛德米克（Monika Fludemik）和扬·阿尔贝（Jan Alber）是两位具有"历史后见之明"的学者，他们认为，目前后经典叙事学分为两个阶段。第一阶段有四个特点：多样性（女性主义叙事学、后殖民叙事学等）、跨学科（特别是受到认知科学的影响）、跨媒体（主要受到新媒体的影响）和跨流派（如诗歌和戏剧叙事研究）。第二阶段是一个"巩固"和"可持续多元化"的时期。

第二节　叙事学与新闻翻译的关系

事实上，叙事学和新闻翻译有很多交叉点。

第一，根据定义，叙事和新闻都是"讲故事"。大部分学者，如安德鲁·普莱克斯认为"叙事就是'讲故事'"，贝克教授觉得叙事是"我们赖以生存的日常故事"。事实上，新闻翻译也是"讲故事"。例如，新闻翻译中的宣传翻译用世界公认的语言向国际社会讲述中国故事，促使世界更好地了解、理解中国。这样的"讲故事"还包括主人公和小人物，在一定程度上与观众建立了共识。

第二，从功能的角度来看，叙事和翻译在某种程度上可以说是一种交际行为。因为，叙事本身就包含新闻以及传播的含义，即通过叙述事件达到信息传递的目的，实现传播，实现理解的过程，通过理解社会来改造社会，从而有利于人的自我发展。20世纪50年代，俄国语言学家罗曼·雅各布森（Roman Jakobson）在《语言学的元语言》中提出，交流才是言语（这一行为）的旨归所在，"交流"这一过程必须包括说话人、信息和听话人。

雅各布森还认为，为了交流思想，我们还应该联系上下文、借助代码和联系等。和雅各布森观点相同，结构主义叙述者也认为叙事是一种交流行为。例如，有学者指出，叙事的根本目的是向读者传达故事和意义。美国文学批评家布斯（Booth）在小说修辞学方面，倡导分析叙事作品的修辞形式和意义，借此揭示作者是怎么理解小说的，即怎么有意或无意地使用各种修辞手段向读者传达虚构的世界。

与结构语言学家对语言交际过程的分析非常相似，布斯认为，作者、作品和读者是叙事交际的三个基本要素，这也就是说，叙事交际可以简单地被看作一个"作者—文本—读者"过程。美国叙事学家查特曼（Chatman）在《故事与话语》一书中指出了他的叙事传播图，如图3-2-1所示。

叙事文本

真实作者 ——→ 隐含作者 —→ （叙述者）➡ （受述者）—→ 隐含读者 ——→ 真实读者

图3-2-1　叙事传播图

新闻翻译是一种特殊的翻译形式。由于翻译是一种交际活动，新闻翻译无疑也是一种交际行为。因此，从传播功能的角度来看，叙事与新闻翻译存在着共同之处。

第三，经典叙事学的结构概念，如叙事时间、叙事视角、叙事结构和叙述者，以及后经典叙事学对读者、语境、意识形态等非结构的关注，对新闻翻译具有重要意义。

新闻翻译需要信息交流，但应该坚定自己的立场。译者可以根据叙事时间、视角、结构以及叙述者，探索新闻翻译的微观文本，并结合读者、语境和意识形态概念分析新闻翻译的宏观意识形态，包括译前选材和译后接受。此外，新闻翻译中都有叙事结构的痕迹。因此，叙事学对新闻翻译研究有一定的借鉴意义。

第三节　叙事学与新闻翻译的结合

一、了解叙事的层次

在叙事研究的历史上，学者对叙事的层次划分不尽一致。对叙事的层次划分关系到如何认识叙事的核心故事和各种技巧，以及叙述者等叙事元素之间的关系。在探讨叙事学和新闻翻译的结合这部分内容前，我们有必要来尝试厘清叙事的层次。

（一）叙事的二分法

叙事的划分并不是 20 世纪结构主义叙事学的专利，西方传统文学批评采用二分法对叙事作品的层次进行划分。但是需要注意的是，这种二分与作为叙事学研究基础的二分关系不大。

真正把叙事技巧纳入划分标准是在 20 世纪俄国形式主义者什克洛夫斯基（Shklovsky）和艾亨鲍姆（Eichenbaum）率先提出新的二分法，即故事（素材）或故事（内容）与情节的区分。这个二分把叙事技巧与内容剥离开来，强调了叙事技巧。这种叙事内容和技巧的二分颇具影响力。

1966 年，托多罗夫在上述二分法的影响之下，主张用故事以及话语来区分叙事作品的素材与表达形式。尽管这两种二分非常相似，但是后者的"话语"可以避免"情节"一词可能造成的歧义，因为情节通常被认为更接近于叙事的内容，即故事层，因而托多罗夫的这种命名在叙事学界被广泛应用。查特曼就是以"故事与话语"作为他叙事学专著的书名的。把叙事分为两个层面的做法深受学者的青睐，辛普森在他 2004 年出版的专著中，仍然把叙事分成了两个层面，只是稍微改换了一下名称，即"情节"和"话语"。

（二）叙事的三分法

叙事的三分法虽然出现较晚，但在学术界也产生了深远影响。

著名叙事学家热奈特在 1972 年出版的《叙事话语》一书中，质疑叙事的二分法。他提出叙事二分法的话语层面应该再细分成叙事和叙述两个层次。前者的叙事，即讲述一件事或一系列事件的口头或书面的话语；后者是热奈特着力从以往二分法的话语层中又划分出来的新层面，即叙述包括一个人叙述的这个事件，也就是叙述行为本身。这三个层面被学者里蒙－凯南（Rimmon-Kenan）重新命名为"故事""文本""叙述"。

巴尔也是三分法的支持者，而她的命名稍有不同，分别是"素材""故事""文本"。

但是很显然，凯南的命名基本和热奈特的版本对等，巴尔的后两个层次与他们两人的就相差较远了。本书在研究叙事作品时，支持二分法。在本书为二分法辩护时，将对比二分法与三分法，并指出三分法阵营内部的分歧及其可能导致的叙事研究混乱的问题。

（三）叙事的二分法与三分法的比较

叙事二分法的合理性是为了说明叙事二分的合理性。一方面需要阐明它相对于三分法的优势，另一方面也要与反对划分叙事层次的解构主义者进行论辩。

事实上，在叙事学界，三分法已然受到很多批评。图伦早在1988年就一针见血地指出了三分的本质。在他看来，所谓的三分并没有真正调整二分的范畴，只是在二分的第二个层次（即话语层）中另发了一个枝杈而已。这样一来，三分法的倡导者要想说明这种新的分法在何种意义上优于二分法，就必须解释清楚是否确实有必要从原先的话语层中又分出一个叙述层；或者，对于叙事研究来说，是否有必要在原先的素材和故事层之上再加上一个叙述行为层。

图伦进一步指出，二分法的倡导者认为，原先的故事和话语的二分已经够复杂了，于是在又有人提出三分法时，他们认为没必要（也不可能）从话语层中剥离出一个更高层面的叙述行为层，因为所谓的叙述行为是话语层的一部分，和其他技巧并无高低层次之分。

把叙述行为纳入叙事研究中是不太实际的，因为这个概念本身就很诡异。也就是说，叙述行为在理论上确实存在，但当人们试图去具体描绘那个叙述者的叙述行为时，就会发现所能把握到的此物已非事先瞄准的彼物了。这样说起来似乎有些玄乎，但这个新剥离出的叙述层确实不是乍听起来那么简单的概念。学者须先弄清楚叙述行为这个新层次的真正含义后才能对其合理性和必要性做出判断。

热奈特是以《荷马史诗》中的《奥德赛》为例提出叙述行为这个新层次的。他认为，在该作品中，叙述行为可以指作者荷马的叙述行为，也可以指虚构叙述者尤利西斯的叙述行为。当尤利西斯讲述他的冒险经历时，他的叙述行为就处于叙事层次的最高层。而当故事的讲述者与作者并无必要做区分时，要考虑的最高层叙事层就应该是作者的叙述行为。在这种意义上，叙述层指的是产生叙事的行为，不管是真实存在的荷马还是虚构的尤利西斯。

当热奈特把叙述行为归为作者荷马的叙述时，这个新层次的必要性就不可避免地要受到很多叙事学家，尤其是二分法倡导者的质疑。退一步来说，作家的叙述行为确实重要，作为读者也无从知晓，因为无论是在元小说还是在一般小说中，通常只有在作为（上一层）叙述的对象时，叙述行为或过程才有可能被展现在读者面前。

所以说，把作者的叙述行为纳入叙事研究即使不是完全没有必要的，也是

第三章 叙事学与新闻翻译的关联

不切实际的。如果叙述行为是指尤利西斯的叙述时,那么人们就要考虑是否应该把这个虚构世界的叙述者的讲述提到比其他叙事技巧更高的层次,并考虑这个叙述行为是否可以研究。与作者的叙述行为不同,这个虚构叙述者讲述故事的情景是实实在在存在于文本之中。以《奥德赛》为例,当尤利西斯讲述在费阿刻斯人那里的惊险经历时,作品叙述了尤利西斯当时面对着他的听众的情形。也就是说,在这里尤利西斯的叙述行为是可见的。但是,我们认为,这个人物叙述者的叙述行为只是作者在叙事中采用的多种技巧之一,它与其他的技巧并没有根本的差别,所以没有必要把它提到比其他技巧高一级的层次上。

另外,很多作品并未交代人物叙述者的叙述情境,因此,即使人物叙述者的叙述行为在理论上存在,对实际的叙事作品研究也并不很适用。学者申丹在反对增加作者的叙述行为这一层次之后,也否定了把所谓的人物叙述者的叙述行为提取出来作为一个叙事层次的做法。

综上,不管是指作者的叙述行为,还是指作品中人物的叙述行为,这个新增加的叙述层对于叙事研究来说都没有多大实用价值。尽管作者的叙述行为应是在高于其他技巧的层次,但是它对于叙事作品的读者来说是不可及的,与叙事作品的产生和接受也是没有多大关系的。至于人物叙述者的叙述行为,它与其他的叙事技巧同属于叙事策略,没有理由把它置于其他技巧之上。更何况,作品通常很少对人物叙述者的叙述行为详加描述,更少有集中的大段描写。因此,把它单独列为一个层次在叙事分析中也没有多大实用性。

除此之外,三分法还有一个潜在弊端:不同叙事学家在把叙事三分时所持的标准不同,很容易给叙事性质的理解和叙事作品的研究造成障碍。下面以热奈特和巴尔的版本为例来说明这一点。

在热奈特的三个层次中,处在中间层的是叙事文本,而处于两端的是读者大脑中构建的故事和叙述。与热奈特的做法不同,巴尔把叙事文本置于最高层,下面是读者从叙事作品中构建出的故事和素材。学者奥内加(Onega)对巴尔的这三个层次做了如下解释:读者会把一个文本看作既定的框架,然后从中构建出故事;接着,通过剔除作者使用的转换手法,得到素材。从素材到故事的转化手法,具体地说,就是给予素材一种表现形式,包括一个具体的视角和一种时间安排模式。换句话说,通过采用一个具体的视角和一种时间安排模式,一个素材可以成为一个故事。

那么,巴尔的三分法中的故事究竟是什么呢?奥内加解释说,这个故事是从文本中综合抽象出来的产物,提取的是文本中叙事方面的内容,即与表现行动有关的部分。也就是说,故事是素材中的行动的具体化和个性化,而描写、

叙事学视域下的新闻翻译研究

评论都应和叙述一起被归入最上一层的文本。

显然，巴尔和热奈特两人在叙事层次上的思维构建成分不同，而且很有可能会误导其他叙事研究者。在热奈特的叙事层次中，思维推导是从中间的叙事文本层构建出两端的，即下面的素材层和上面的叙述行为层；而在巴尔的模式中，读者是从处于最高层的叙事文本中构建出下一层的故事的，然后再通过剥离相关技巧，得出最下一层的素材。在这两个叙事层次模式中，最底层基本是一致的，是指存在于作者构思阶段的故事雏形。但是，关于上两个层次的划分，两位叙事学家就出现比较明显的分歧了。

如果说被热奈特单独抽出来的叙述行为层在理论上是合理的，但在实际分析中不太实用的话，那么，巴尔的叙事层次就完全合理吗？巴尔的叙事层次是从上向下依次剥离叙事、添加成分、抽取核心成分的过程；反过来说，也就是从下向上依次添加和充实各种细节、运用各种技巧的过程。这样，人们似乎可以得出这样的结论，即作者可以首先给素材层次的故事添枝加叶，将其充实为一个故事，而不必在意人物刻画和场景描写，因为这是下一步才要做的事。

这样看来，人物刻画和场景描写似乎都是从属于行动的，都要等行动叙述充实完整了之后才黏附上去。同时，这种层次划分也暗示行动讲述可以与人物刻画、场景描写截然分开，所以才可以分步进行。

我们认为，无论是人物、场景，还是行动的具体化、个性化，都是在一个层次上完成的。更何况，这些叙事因素的填充是相互关联、不可分割的。也就是说，对人物的刻画必然会牵扯到对其所处环境的描写和对其行动的讲述。反之，对某个场景的描写大多是用人的活动做铺垫的。或许，巴尔划分出的三个层次主要是针对阐释者，而不是作者的。也就是说，这三个层次是应该从上向下，即在叙事作品中先构建出故事情节，然后通过删除其技巧成分，得出一个比较原生态的核心故事；而不是从下向上，先添加各种曲折离奇的故事情节来完善其事件的讲述，然后再增添场景描写、人物刻画使其成为一个叙事作品。

但是，人们即便把巴尔的模式可能产生的误导暂时抛在一边，仍然无法避免三分法在叙事研究中的歧义。

综上，叙事三分法的新层次在实际叙事研究中几乎是很难实现的。更何况，三分法倡导者在进一步切分二分法的话语层次时意见也不尽一致，从而可能会误导其他叙事的研究者对叙事特征的理解和分析。比较而言，二分法更清楚地展示出叙事的特点，而且在两个层次的阐释上也没有多大争议，所以我们在研究叙事时倾向于二分法。

要说明二分法在叙事作品性质阐释上的合理性，还需要回答解构主义者对

第三章 叙事学与新闻翻译的关联

叙事作品的核心情节或素材这个所谓的前艺术概念提出的质疑。不过,著名解构主义学家卡勒的一番话恰恰诠释了侧重实用分析的叙事研究和更注重哲学思想的解构主义观念。换句话说,解构主义,作为一种思潮,在文学领域的"去中心"只不过是其在政治领域反对逻各斯中心主义、极权主义的一个延伸和表现。所以解构主义在理论上所极力宣扬的"去中心"与实用叙事分析中的核心故事并不冲突。卡勒认为,如果要研究叙事视角和其他叙事技巧,或者泛泛地说,如果要研究文本话语和其所讲述的故事之间的关系,那么诸如素材、故事、情节、行为之类的概念,就是此类研究的基础。比方说,要研究叙事视角,就必须有观察和讲述故事的不同方法,这就使得故事成为一个不变的核心,也就是可以用各种方法表现的一系列行动。所以,在分析叙事时,把叙事分成两层不仅是必需的,还是合理的。

上文通过对比三分法与二分法的差别,说明了二分法的有效性。在质疑三分法的新层次的合理性时,我们反对把人物叙述者的叙述行为提到其他技巧之上,因为人物叙述者的叙述行为和其他技巧同属叙事技巧,因而不应该有层次之分。同样,我们也不认为作者的叙述行为应该是在其他叙事技巧之上的新层次。事实上,作者的叙述行为在理论上确实应该是比后者高一个层次,但是因为其具有不可接近、不可观察的特点,所以不应该被包含在叙事层次之内。

这里要澄清两点:第一,我们反对的是把作者的"叙述行为"置于其他叙事技巧之上,因为它是读者所无从知晓的;第二,我们不认为叙事作品的"层次"应该包含作者的"叙述行为",因为作者在创作时的具体物理环境对作品通常不会产生太大的影响。不过,既然把作者的叙述行为排除在叙事层次之外,人们又该如何看待作者与叙事作品、叙事技巧这两个层次之间的关系呢?如果真的要把作者置于叙事作品之上,人们又该如何精确地表述呢?

关于作者与其叙事作品之间的关系,本书采用中国叙事学的观点。说是中国叙事学的观点,并不是说这一观点是中国叙事学界的专利,在西方叙事学界没有类似的思想。而是认为,这一观点在中国叙事学界长期占主导地位,具有明显的中国特色。

学者杨义在其叙事学专著《中国叙事学》中旗帜鲜明地把作者视为文学作品意义的源头。在该书中,杨义并没有花工夫划分叙事的层次,但我们可以从其著作中大致推断出他对叙事层次所持的观点。与西方叙事学家不同,杨义并不试图阐述一个接近原生态的、没有经过艺术加工的故事层面,而是专注于叙事话语层面的叙述学技巧。这里说到的叙事话语事实上不是很准确,因为杨义并没有提及叙事的二分法,然后再集中探讨话语层,而是着力研究叙事作品本身所运用的各种技巧,包括叙事结构、时间技巧、视角及意象等。至于叙事作品应该分成几个层次,显然不是杨义关心的范畴。杨义是这样阐释叙事作品中的各个成分的,如图 3-3-1 所示。

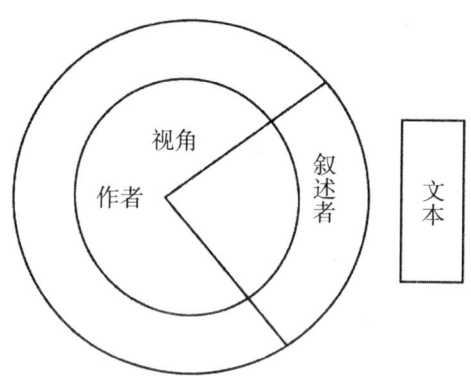

图 3-3-1　作者、视角与叙述者的关系

杨义把作者视为叙事世界的中心。杨义的叙事层次并不像西方叙事学家所阐释得那么清楚。尽管在图 3-3-1 中,叙事文本看似一个独立于其他成分的实体,其实不然,因为叙述者必然存在于文本的世界中。所以图中叙事文本与作者、叙述者及其他诸多因素的对立并不代表叙事的层次。关于叙事的层次,我们可理解为:叙事涉及作者和叙事技巧这两个层次,而前者显然居于后者之上。

关于"作者高于叙事作品或叙事技巧这一层次"的阐释,中国叙事学和上述叙事三分法听起来很相似,但是实质上两者对作者的理解是不同的。对于西方叙事学家(如热奈特)来说,在叙事话语之上被考虑的层次,是作者的"叙述行为";而对于中国叙事学家来说,那个唯一高于叙事世界的(包括其中的各种技巧)是作者对世界和生活的独特体验,这个才是叙事的起源。

相比之下,西方叙事学家所划分出的叙述行为似乎更加具体、有形,然而是读者不可能见到的。事实上,西方叙事学家在提出这个概念之后也或多或少地意识到这一点,所以他们对叙述行为的描写更倾向于叙事世界中的那个叙事者,因为这类叙述者的叙述情境至少是在叙事作品中可以找到的。这样,这些叙事学家便陷入自己制造的困境。他们先是把作者的叙述行为提升到高于叙事的层次,把作者的叙述行为划分出来,可是又不得不否定它的实用性,然后再钻进作品的世界里去解释他们新切分出的叙述行为层。这样一来,这些叙事学家也就没能摆正作者相对于其叙事作品的位置。

在这种情况下，我们借用典型中国特色的作者观，填补这个空缺，澄清作者是在比较抽象的意义上与其作品相关。也就是说，与叙事作品相关的不是作者的具体叙述行为，而是作者对生活和世界的感悟。确切地说，作者的视角是被融入其叙事作品中的。所以，作者的世界观是处于作品生产的一端的，而读者处于作品输出的一端。

综上，实用研究中的层次就只是叙事话语和故事这两个层次，但是我们需要对这两个概念进行一些新的界定。

二、叙事建构手段

涉及多方面的内容是新闻报道的一个重要特点，同时，和人们的生活紧密联系也是不容忽视的一个特点。因此，新闻报道具有较大的叙事空间。所以，要想达成叙事双方的有效沟通，译者应运用丰富的叙事手段来强化、弱化或改变新闻文本中的一些内容，从而达到新闻叙事的目的。

贝克教授指出，翻译是一种叙事活动，建构是联系叙事和翻译的必不可少的一种方式。翻译本身可以被视为一种结构，无论是字面上还是比喻上。

一方面，建构是模糊的。以不同方式构建的同一事件将产生不同甚至相反的叙述；另一方面，尽管，从某种程度上说，建构属于自觉的、主动的策略，但并不意味着建构不受语境的限制，其实施受到建构空间的影响。

不同的参与者可能会在相同的叙事环境中扮演不一样的角色，有着不一样的身份和立场。那么译者在翻译过程中是如何建构叙事的呢？答案是：时空建构、文本材料的选择性使用、符号建构和参与者的叙事重新定位。贝克提出，要想达到我们预设的翻译效果，译者会有意识地选择合适的叙事视角，关注特定的叙事内容，并有效结合叙事建构策略来建构原文。

所以说，叙事结构可以在新闻翻译过程中于原文和目的语读者之间架起一座桥梁。借助叙事结构策略，译者能够使一些新闻信息内容得到强化或弱化。

第四章 新闻叙事相关理论

本章对新闻叙事的有关理论进行了分析,具体主要从这几个方面展开,分别是"叙事学中的结构理论""蒙娜·贝克的叙事理论""建构新闻叙事学""体裁分析理论""新新闻主义与非虚构叙事",希望可以帮助广大读者更加了解新闻叙事的相关理论。

第一节 叙事学中的结构理论

很多叙事学学者认为,叙事的两种基本结构是水平结构和垂直结构。垂直结构是指一个人物的叙述话语嵌套在另一个人物或非人物叙述者的话语中的叙事结构。这种结构特征一方面涉及叙述学的一个重要概念——嵌套结构,另一方面则体现为两个不同叙述者对同一个核心故事的叙述。接下来,我们就以嵌套结构和基本故事为标准,划分水平和垂直的叙事结构。

这里的基本故事不一定是整个叙事的基础,即之前提到的与整个叙事话语相对的基本故事。在大多数叙事中,垂直结构是由与某一个基本故事情节不同的叙述话语构成的,因此,这些话语的基础是局部基本故事。如果这个局部基本故事包含该叙事的一些核心情节,那么建立在其基础上的不同话语可能与主题密切相关。如果把这些以同一个核心故事为基础的不同叙述话语看作一个个独立的叙事,那么这些叙事便是叙述者对核心故事进行不同加工处理的结果,包括增加不同细节、采用不同的叙事技巧和文体技巧。如果我们对比这些话语层包含的不同技巧,可能就能更深入地理解不同叙述者对同一事件持有的不同态度和立场,从而理解这些多层叙事话语表达的主题意义。这些以同一个基本故事为基础构建的叙述话语形成了嵌套结构。

第四章　新闻叙事相关理论

一、嵌套结构

普林斯说过，任何叙事都由很多小的叙事组成。我国学者邹颉提出，嵌套是所有叙事最重要的结构特征。巴尔也表达了同样的观点，即叙事是一个整体，在这个整体中，叙述者的话语可能包含、嵌套其他的文本。根据比较权威的叙述学词典——普林斯著的《叙述学词典》，嵌套结构的确切名称是嵌套叙事，即叙事中的叙事。

邹颉的《叙事嵌套结构研究》对叙事学界的嵌套结构研究进行了全面的梳理。下文将从他的综述中援引一些关于嵌套结构的代表性观点。热奈特按照嵌套叙事话语之间的关系，提出一个归类嵌套叙事的三分模型。第一种是因果关系，即被嵌叙事和叙事话语之间呈因果关系，前者履行解释的功能；第二种是主题关系，即嵌套和被嵌叙事之间呈对比或类比的关系；第三种叙事的两层话语之间没有什么清楚而又明确的关系，是叙述行为本身在话语层起作用。在第三类嵌套叙事中，话语层独立于原话语层的内容，履行一种分散注意力的功能，比如，为直接接触内层话语设置障碍。

里蒙·凯南讨论了人物叙述者的话语与它们嵌套其中的叙事之间可能呈现为不同功能的各种关系。主要有：

（1）行为功能，即有些人物叙事可能与第一层叙事的内容无关，仅仅是靠被叙述这个事实本身来维持或推进第一层叙事的行为。

（2）解释功能，即被嵌叙事为外层叙事提供一个解释，回答其预设的问题，也就是回答什么事使得现状如外层叙事所述那样。

（3）主题功能，即嵌套和被嵌套叙事之间是类比关系，也就是同中有异的类似和对比关系。

很显然，里蒙·凯南的三种嵌套关系与热奈特的三模型在本质上并无二致。诚如邹颉所说，凯南对嵌套结构的分类并没有对热奈特的模型进行改善，她只是把三种类型重新排序，但是又没有充分的理由把热奈特的三种关系类型做如此排序。

那么，凯南对嵌套叙事研究所做的贡献是什么？邹颉发现，凯南在嵌套结构研究方面拓宽了热奈特的研究范围。她所关心的不只是嵌套和被嵌套叙事之间的关系，还包括两层叙事之间是如何互动的问题。巴尔对此做了非常有说服力的解释。当被嵌套的文本讲述了一个完整的故事时，读者可能就会因此忘记主叙述话语层讲述的是一个什么故事。比如，在《一千零一夜》中，这种对主叙述层情节的遗忘恰恰表示谢赫拉扎德的目的实现了。与此相类似，叙述具有拯救生命的力量原则也体现在托妮·莫里森的代表作《宠儿》之中。

巴尔对嵌套叙事之间的互动现象做了更深入的探讨。她认为，包含上述互动关系的嵌套叙事可能有两种情况，即被嵌套的故事可能是对主叙述层故事的解释，或者是两层故事间有相似关系。

如果是解释，两层叙事之间的关系就由叙述者叙述被嵌套的故事来澄清；如果是相似，则两层故事之间的关系通常只在叙事中有暗示，要靠读者自己去理解。

主叙述层与嵌套叙事之间存在相似关系，预设该叙事必须至少包含两条并行不悖的故事线索。在大多数情况下，与主叙述层故事相似的被嵌套故事都起到加强主叙述层故事表达的作用，于是使得主叙述层所表达的主题呈现出普适的特征。例如，莎士比亚的经典之作《李尔王》。该剧有两条情节线索，每一条线索都有父亲被不孝女儿迫害，孝顺的女儿来救父亲的情节。在主叙述层和嵌套故事中都塑造了大逆不道的女儿形象，两层叙事交相辉映、彼此加强，使得当时社会中人们的利欲熏心、良知泯灭、手足相残等恶行不再局限于一个个案，而成为具有普遍性的现象或当时社会的寓言。在这个例子中，被嵌套的叙事就以相似、映照关系，有力地突出了主叙述层故事所表达的主题意义。

邹颉综述的最后一个关于嵌套叙事的观点是由学者威廉·内尔斯（William Nelles）提出的，对本书的叙事结构分类很有用。内尔斯的一个最重要的发现是，叙事嵌套大致有两种不同的结构类型：一是水平嵌套，在该类型中，不同叙述者的叙事存在于同一个话语层上，呈前后相继的关系；另一个是垂直嵌套，即不同叙述者的话语存在于不同话语层上，而且一个叙事插在另一个叙事中。

二、水平或单层叙事结构

本书采用了奥内加和内尔斯的提法，即水平和垂直的叙事结构，但是我们对这两个概念的理解与他们有区别。这里根本的区别就在于：我们认为区分水平和垂直结构的标准应是基本故事和嵌套结构。如果被嵌套的部分对上一层叙事履行的是解释、补充或者分散注意力的义务，那么这种叙事结构——不管嵌套与被嵌套叙事的叙述者是否处在同一个话语层次，都应把它视为水平叙事或单层叙事。而且，与奥尼加以话语、基本故事作为叙事结构不同，我们所说的垂直叙事结构是在话语内部进行的层次区分，是以嵌套话语的基本故事之间的关系为基础做区分的。换句话说，单层叙事与嵌套结构并不矛盾，被嵌套故事与嵌套层相结合，旨在讲述嵌套层的一个完整故事。可以说，大部分叙事作品都属于单层叙事。也有一些被嵌套层是人物讲的故事，可能只是渲染气氛的笑料，或是透露人物性格的手段，与主叙述层所讲的故事并无直接关系。由此看来，单层叙事与叙事包含多少个叙述者的话语及它们处在多少个不同的话语层上，并不直接对等。如《一千零一夜》，在巴尔看来，其被嵌套层是对嵌套层所叙之事的分散，对我们来说仍是一个单层叙事，主要原因就是两个层次的话语包含的基本故事没有交叉。也就是说，主叙述层所说的国王杀妻的故事与处于被嵌套层的王后所讲的1001个故事在内容上并没有绝对的优势。正如巴尔所说，到目前为止，大多数的被嵌套文本都是非叙事的，它们不讲故事。被嵌套文本的内容可以是任何东西——可以是肯定一些抽象的概念，可以是行动者之间的讨论，可以是描写，也可以是密谈等。当然，最常见的被嵌套文本是对话。巴尔认为，大多数叙事都属于单层叙事。人们接触到的大多数叙事，都是主要由一个叙述者讲述的，包括描述场景、叙述事件、人物外貌、性格特征等，其中穿插着处于被嵌套层的人物对话。这是最常见的叙事类型，被称作"单层叙事"。

三、垂直或多层叙事结构

与单层叙事相对的是多层叙事或垂直叙事。在上文中，巴尔提到的多层叙事或垂直叙事是这样一种嵌套结构，即具有嵌套关系的两个话语层之间有相似性的结构。我们认为，多层叙事的一个根本要求也是两层或多层话语之间有相似性。但是巴尔的两个或多个有相似关系的话语层是由同一个叙述者讲述的，是为了强化主题，赋予某种现象以普适性。我们的多层叙事原则上要出自不同的叙述者。多层叙事要研究的是不同的叙述者在讲述同一个基本故事时，如何出于不同的立场、目的，采用不同的叙述方式和文体技巧，揭示的人物的相关特征和叙事的主题意义。

采用"基本故事"这个概念比较容易判断两个叙事层次是否真的相似，因为，基本故事的必要构成成分是人物和事件。尽管事件注定发生在特定的时间和地点，相对而言，包括时间和地点的场景并不像人物和事件那样关键。

不过，在一些叙事中，某些叙述者——包括故事外叙述者和故事内人物叙述者，对某个场景的个性化描绘也可以成为读者了解其内心世界的窗口。因此，场景作为选择因素，可能因叙述者而改变。如果两个层次有共同的核心因素，即人物和事件，它们就可能构成两个层次的叙事。

当然，我们不需要死板地规定，究竟在怎样的情况下，才能认为两层叙事包含相似的基本故事。判断两层叙事是否建立在相似的基本故事基础之上，需

叙事学视域下的新闻翻译研究

要读者从日常叙事中习得常识，尤其是他们对谣传的理解。当然，把垂直叙事类比为谣传并不是很贴切，因为谣传带有太浓重的贬义色彩。但是，我们也不可否认，谣传是人类生活固有的成分，人们可能出于各种各样的原因散播谣传——或为了取乐，或为了诋毁他人的名声，抑或是为了谋取私利等。在某种意义上，文学作品的垂直叙事可以被看作是日常生活的谣传在文学作品中的体现。不同的人物针对相似的故事，出于不同的理解，站在不同的立场，讲述不同的故事，这便构成了两层甚至是多层叙事话语。

当然相比较而言，包含两个人物叙述者的垂直叙事结构更容易被辨认，因为读者可以辨识两个人物叙述者讲述同一个故事的不同版本、增加的不同细节、使用的不同叙述和文体技巧、表达的不同主题意义。对于由叙事的最外层叙述者（包括故事外叙述者和人物叙述者）和一个人物叙述者构成的垂直叙事来说，最外层叙述者的版本通常较客观，可以作为判断人物立场、性格的参照。

当然，最外层叙述者的故事也未必是可靠的。很多叙事作品恰恰设置了一个不可靠的叙述者，如《哈克贝利·费恩历险记》中的第一人称叙述者哈克和《喧哗与骚动》中的叙述者班吉。哈克的年少无知和他受到的教育是他叙事不可靠的原因，而班吉的不可靠则由于他的智障。还有一种不可靠的叙述者，比如，《洛丽塔》中病态的、欺骗性的第一人称叙述者。学者包克廷（Bockting）系统归纳了不可靠叙述者的类型。在通常情况下，思维正常的读者能够识别这些不可靠的叙事，甚至能够透过这些扭曲的叙事还原出事情的原貌。

作家安排这些不可靠的叙述者，也是基于读者能够觉察出这些叙述者的种种缺陷，从而判定他们的叙事为不可靠叙事。在阅读叙事作品时，如果最外层的叙述者是不可靠叙述者，那么读者的常识可以帮助他们理解该叙述者的话语，从中还原出较为合理、客观的故事，作为进一步理解其他人物话语的参照。

上面区分了单层和多层叙事，下面对多层叙事进行进一步的分类。分类的依据是该叙事是否包含一个故事外叙述者。严格说来，认为一部叙事作品完全通过人物视角展示、丝毫没有故事外叙述者的痕迹的看法，多是出于分析的需要，在理论上并不能完全站得住脚。即使在客观化叙述和有限视角席卷了现代文学创作的情况下，故事外叙述者在现代叙事中也并未做到丝毫不留痕迹。即使在人物名字被说出的那刻，人们也似乎无法完全忽视某故事外叙述者的存在了。不过，在阅读一些现代和后现代叙事小说时，似乎可以而且需要暂时忘却故事外叙述者的存在。在这些作品中，大篇幅的叙事都由人物自行展示，不知不觉地冲淡了人们先前从某一个字词、某一处描写中所得到的对故事外叙述者的短暂且模糊的印象。简言之，在理论上，须承认一个故事外叙述者在叙事中的绝对存在,在实际分析中,可忽略那些努力从叙事中抽身而让人物自己去展示、讲述的故事外叙述者。

这便是我们初步区分多层叙事(包括两层)的标准。由此区分出了两类多层叙事:一是故事外叙述者仍然讲述故事,二是故事外叙述者几近隐形。后一类多层叙事至少有两个基于同一个基本故事的人物话语构成。

在上段区分出的前一类叙事中,故事外叙述者仍然掌控故事的叙述。这类叙事类型比后一类要普遍得多,尤其是在现代的客观展示、视角革命发生之前。这类多层次叙事至少包括一个故事外叙述者和一个人物叙述者。而其构成多层次叙事的一个必要条件,就是这两位叙述者的故事必须包含有共同的核心故事。不过,需要澄清的一点就是,故事外叙述者的基本故事和人物的基本故事永远不可能绝对重合。这一点很容易理解,因为故事外叙述者始终高于人物叙述者,或者说,人物叙述者的话语总是嵌套在故事外叙述者的话语之中。一个故事外叙述者的故事至少要包含对该人物叙述者的介绍,以及其他描写。一旦一个叙事作品采用了这种垂直结构类型,这个故事外叙述者的版本通常与人物叙述者所讲述的故事形成对比,从而凸显出该人物叙述者的个性和社会立场等。所以,就这种垂直叙事结构而言,要求的只是故事外叙述者与人物叙述者的基本故事部分重合或相似。读者可通过两个叙述者对该基本故事提供的不同版本的叙述及运用的叙事技巧和文体技巧,阐释叙述者的相关特点及叙事蕴含的主题意义。

在下面的叙事结构类型图示中,矩形代表故事外叙述者的话语,大圆代表被嵌套的人物叙述者的话语,而大圆中的小圆代表作为其叙事基础的基本故事。刚才区分出的由一个故事外叙述者和一个人物叙述者构成的垂直结构类型,如图4-1-1所示。

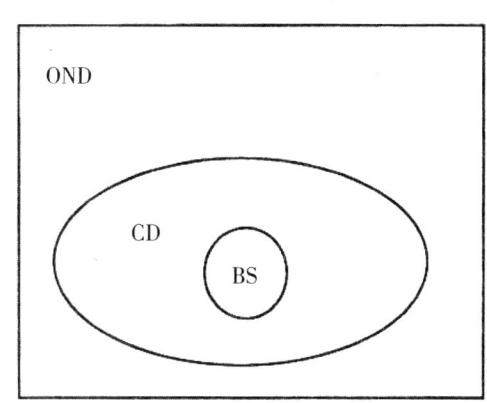

BS:基本故事;CD:人物的话语;OND:全知叙述者的话语

图4-1-1 垂直叙述结构

这种垂直叙事结构包括一个故事外叙述者和一个人物叙述者,两个叙述者的话语分别以矩形和圆圈表示。人物叙述者的话语嵌套在故事外叙述者的话语中,两个叙述话语共享一个中心,即基本故事。

借用内尔斯区分的水平和垂直叙事结构,本书将进一步区分故事外叙述者隐形的这一类叙事。在由故事外叙述者和人物叙述者构成的叙事中,前者和后者因为层次上的差异,构成了垂直的叙事结构类型。在故事外叙述者几近隐形的叙事中,人物叙述者的话语则可能呈垂直关系,也可能呈水平关系。

如果是垂直关系,这种叙事的多层次叙事结构仍然是没有疑问的;但如果人物叙述者之间是水平、并存的关系,这种理论上存在的故事外叙述者,仍然是一个叙事可以被称作多层次叙事的必要保证。在人物叙述者之间呈垂直关系的叙事作品中,如果一个人物的话语嵌套在另一个人物的话语中,借用叙述学的专业术语,前者会成为后者的故事层。提到这种类型,人们自然而然地会想到《呼啸山庄》这个由几个人物叙事嵌套构成的经典叙事小说。

邹颉这样解释这部小说的结构:伊莎贝拉的口头叙事,尽管在书上出现于引号之中,给人那种直接出自伊莎贝拉之口的印象,但事实上它是经由两个媒介才到达读者的。她的话语首先由纳莉用口头讲述的方式告诉洛克伍德先生,然后再由洛克伍德先生以书面记录的方式告诉读者。

没有纳丽的讲述,或者没有洛克伍德的书面记述,对于读者来说,伊莎贝拉的话语是不得而知的。这个叙事就是一个典型的人物叙述者构成的垂直叙事结构。其垂直结构,如图 4-1-2 所示。

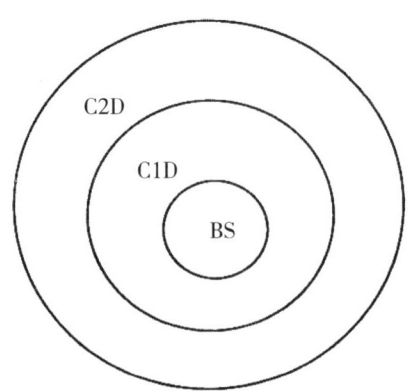

BS:基本故事;C1D:人物 1 的话语;C2D:人物 2 的话语

图 4-1-2　人物话语呈垂直关系的多层叙事

第四章 新闻叙事相关理论

此外，人物叙述者的话语呈水平关系的叙事结构，如图 4-1-3 所示。

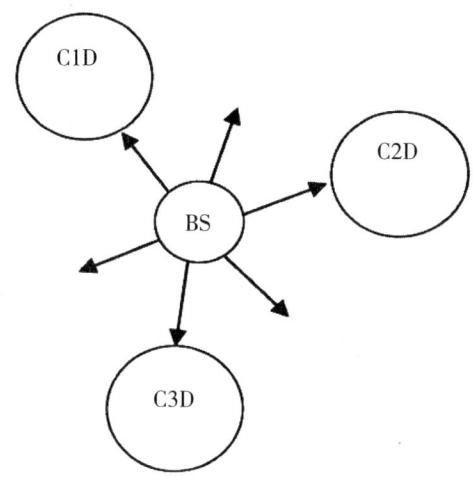

BS：基本故事；C1D：人物 1 的话语；C2D：人物 2 的话语；C3D：人物 3 的话语

图 4-1-3 人物话语呈水平关系的多层叙事

如图 4-1-3 所示，在该叙事中，两个或两个以上人物的话语围绕一个圆心，即他们谈论的是大致相同的基本故事。但是，个人差异，包括知识的、心理的、社会立场的差异使他们讲述了不同的故事。与垂直叙事结构的一个关键区别是，在这种叙事结构中，各人物叙述者的话语之间没有嵌套和依赖关系。

如果说在垂直结构中，被嵌套人物的话语在某种意义上成为上一层叙述话语的故事层面，那么在水平结构中，各个人物话语是相对独立的。

我们按照叙事是否有嵌套结构，以及有嵌套结构的叙述层是否全部或部分共享一个基本故事，将叙事分为单层叙事和多层叙事。多层叙事分为由故事外叙述者和人物叙述者构成的垂直结构和主要由人物叙述者构成的垂直结构两种类型。而对于人物叙述者之间的关系，借用内尔斯对垂直和水平的分类，按照人物叙述者的话语之间是依赖关系还是相对独立，分成垂直叙事和水平叙事两类。

在我们看来，上述就是叙事中各个叙述者话语之间可能存在的几种结构类型。限于篇幅，无法一一列举叙事作品中具体涉及的所有叙事结构。以下将以几个具体的叙事作品例示，证明叙事作品的结构不外乎是在上述几种基本结构关系中择其一二或更多，进行各种搭配组合，以适应或加强叙事作品的主题。

四、多层叙事结构类型例示

本书的重点在于叙事学视域下的新闻翻译，但是因为叙事学的很多研究都和小说这一文体紧密相关，所以本书在这里以小说为例来谈一谈多层叙事结构类型，以期能够借此了解叙事的结构，从而将其迁移运用到新闻的翻译叙事中。

我们可以来看福克纳的长篇小说《八月之光》中的各个话语是如何构成一个有机整体的。小说的核心人物是乔·克里斯默斯，故事情节多围绕他展开。具体来说，小说中众多人物叙述者话语的焦点都是乔的身份。他们的话语都是试图给乔的身份下一个定论，或是为其强加一个身份。读过这部小说的人都知道，人们给乔加的身份就是他是不是谋杀白人妇女乔安娜的凶手。而这个身份却很快转移到或者说取决于乔的另一个身份问题，即他是不是黑人。

于是，对这个身份问题的讨论和确认取代前一个问题，成为众人话语的中心。围绕这个问题展开的话语非常像一个接力赛。追根溯源，是乔的外祖父海因斯听说乔的父亲是墨西哥人，有部分黑人血统，他不仅枪杀了乔的生父，还眼睁睁地看着自己的女儿死于难产，又把乔丢在孤儿院里。至此，他对黑人的仇恨和报复并没有终结。他告诉孤儿院的人，乔是个黑人，让孤儿院的孩子们和营养师都喊他"黑鬼"，而这个称谓在乔的幼小心灵上打下了烙印，让他也不自觉地接受了这个身份。即使来到一个新的环境，乔仍然摆脱不了自己内心对这个身份的默认，所以他告诉新结识的同伴布朗，自己有些黑人血统，于是，把乔的黑人身份传递和公开的任务就由布朗接替。在与乔同居三年的白人妇女乔安娜被谋杀之后，布朗便到镇上去告发乔，而镇长和办事人员都很清楚，布朗是冲着赏金来的。但是布朗在这个时候给了小镇人一个"铁证"，这个证据对于小镇人来说是十分震惊的，即乔是个黑人。在读者看来，乔是不是个黑人与乔是不是个杀人犯之间似乎是"风马牛不相及"的问题，但是在当时的杰弗生镇人看来，要想确定乔是不是个杀人犯，只需确定他是不是个黑人就行了。于是，不知从何时开始，对谋杀案的审讯就转移到了乔的身份确认上了。审讯室外的人们也不再那么关注乔究竟是否真的是杀害乔安娜的凶手，而是更急切地等待，或者确切地说，是更急切地希望听到乔确实是个黑人。于是，小镇的人们——也就是故事的主要叙述者拜伦口中的他们，把这个并未确认也无法确认的消息传播开来。最后由拜伦在给故事的主要人物受述者讲故事时讲出这个消息。

第四章 新闻叙事相关理论

关于乔的黑人身份的讲述构成了典型的垂直叙事结构。它具有上述垂直结构的必备特征，即下一层话语是上一层话语的基础，也就是被嵌套叙事话语与嵌套叙事话语包含着相似的核心故事。不过，在这部叙事作品中，可以非常清楚地看到一个故事外叙述者的身影。在这个故事外叙述者的话语里，有着关于上述人物叙述者的特征的描写，如布朗、拜伦以及乔。显然，这个故事外叙述者在叙述话语嵌套的意义上高于所有人物叙述者的话语。不仅如此，这个故事外叙述者也讲述了与乔的上述身份问题有关的故事，与人物叙述者，尤其是布朗的相关故事版本形成了鲜明对比。基于前述列出的几种基本叙事结构类型和对《八月之光》中各个话语关系的了解，本书将其结构类型以图示形式呈现了出来。

如图 4-1-4 所示，小说的话语结构是由两种基本结构类型组合而成的：一种是包含故事外叙述者和人物叙述者的多层次叙事结构，另一种是由两个以上人物叙述者构成的多层次叙事结构。两种结构叠加形成了《八月之光》的叙事结构，即一个故事外叙述者和两个人物叙述者在相似的核心基本故事的基础之上讲述不同的故事。

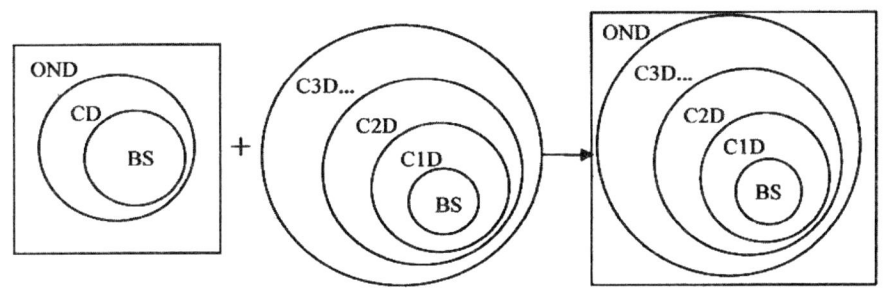

OND：全知叙述者的话语；CD：人物话语；BS：基本故事；
C1D：人物 1 的话语；C2D：人物 2 的话语；C3D：人物 3 的话语

图 4-1-4　《八月之光》的叙事结构

我们再以福克纳的另一部经典小说《喧哗与骚动》的叙事结构为例来解析基本叙事结构类型的选择和组合。《喧哗与骚动》的叙事结构与《八月之光》的不同。要弄清其结构类型，有必要简要介绍一下这部小说所包含的话语：小说共计四章，前三章的叙述者分别是康普生家族的三个兄弟。他们讲述故事的核心都是他们家族的衰落历程，其焦点都是家族中唯一的姐妹——凯蒂。按照前面介绍的人物叙述者之间的关系，这部小说中三个叙述者的话语相对独立，因此属于平行、水平的关系。小说的最后一章的分类稍微有点困难。从章节的

叙事学视域下的新闻翻译研究

布局来看，似乎小说的四个部分都是相互独立、平行的，但是事实上并非如此。这部小说的结构最能体现福克纳在叙事结构方面的别具匠心——不仅体现在小说四个章节的划分上，还体现在这四章的顺序安排上。

读过这部小说的人大概都会有相似的感受，即阅读该小说就像一个初入莽莽森林的人，在语言的迷宫中苦苦摸索，直到最后一章才见到光明。最后一章的叙述者与先前的三个不同，把他称为全知叙述者应该也不算是犯了所谓的"年代错误"。这个全知叙述者不仅接着讲了人物的故事，还在很大意义上重讲了他们的故事。更重要的是，他还讲述了三个人物叙述者的故事。这样看来，这个叙述者的话语层次显然要置于三个人物叙述者的话语层次之上。到此，人们便解释清楚了这部小说的叙事结构。它基于上述的两种基本结构类型：一是包含故事外叙述者和人物叙述者的多层叙事结构，二是由相互独立的人物叙述者话语构成的水平叙事结构。这两种结构的契合便造就了别具一格的叙事结构，如图 4-1-5 所示：

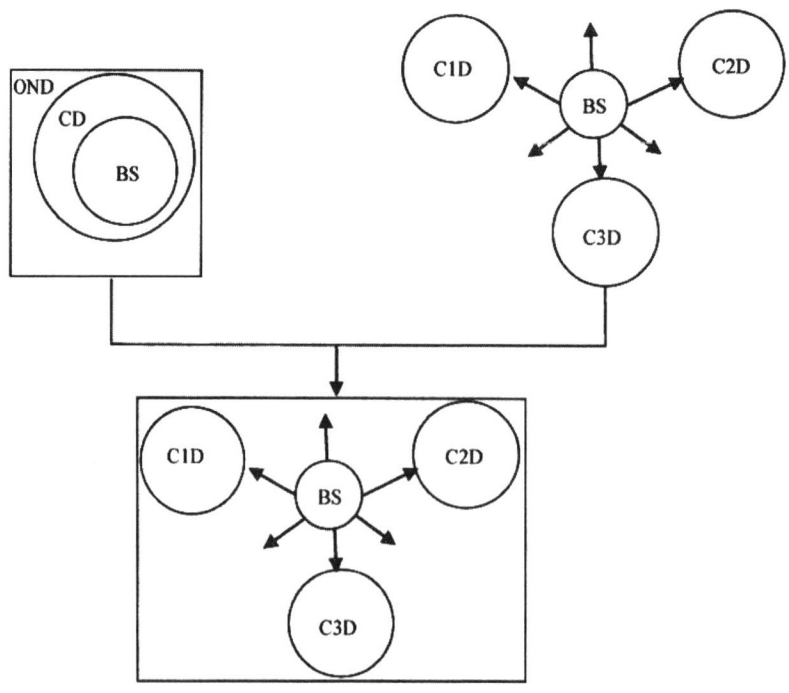

OND：全知叙述者的话语；BS：基本故事；
CD：人物话语；C1D：人物 1 的话语；
C2D：人物 2 的话语；C3D：人物 3 的话语

图 4-1-5　《喧哗与骚动》中两种基本叙事类型的融合

由此可见，嵌套结构是不能穷尽的。这里只是试图挖掘出最基本、最常见的嵌套类型，这些嵌套类型在叙事作品中可以以各种方式结合。弄清楚单层叙事和各种多层叙事，便可以更充分地展示叙述文体学是如何分析叙事作品的。

第二节　蒙娜·贝克的叙事理论

蒙娜·贝克是曼彻斯特大学的翻译研究教授兼翻译和跨文化研究中心主任。她还是国际期刊 *The Translator* 和 *St. Jerome Publishing* 的创始人。

作为一名翻译，她对翻译与冲突之间的关系以及翻译有助于传播叙事的政治意义感兴趣。她发现所有的故事都是对现实的选择性再现。当将叙事理论与翻译研究相结合时，她发展了她的叙事理论。她首先在《翻译中的叙事》一文中提出，后来在《翻译与冲突：叙事性阐释》一书中用叙事分析的文本模型进行了阐述。

她对翻译和口译如何参与塑造冲突展开的方式有着深刻的洞察力。第一，宣战必须通过他们自己的语言传达给其他各方，否则将毫无意义。第二，动员军队与同盟或战区平民交流等相关军事行动，都是通过语言活动开始和延续的。第三，为战争辩护必须通过笔译和口译的调解来动员国际受众。第四，调解和结束冲突还需要翻译人员的参与。最重要的是，翻译和口译是至关重要的"传播和抵制那些首先为暴力冲突创造智力和道德环境的叙事，即使所讨论的叙事可能不会直接描绘冲突或战争"。

本书在第一章中已经给出了叙事的简要定义。叙事是不受时间和空间限制的故事。我们每天都可以告诉其他人之前或者正在发生的事情，因为蒙娜·贝克认为，叙事是"我们体验世界的主要和不可避免的方式"。

叙事通过各种媒体进行阐述，而不只限于单一的文本。单一文本中的叙述是更大的叙述片段。贝克定义的叙事概念与社会语用学和文学研究中的概念大不相同，在后者中，叙事通常被视为一种可选的交流方式。贝克认为，叙事在人类交流的各种活动中无处不在。它并不让我们了解世界，但从根本上构成了我们对世界的看法。社会、历史和政治都涉及某个角度的叙事。即使是看似"客观"的学科，也可以被置于叙事框架中，并将其理解为科学家讲述的影响，甚至重塑我们看待世界的方式。更进一步，正如学者法兰德斯（Farrands）所观察到的，科学就是"穿着实验室外套的政治"。因此，这里的

叙事学视域下的新闻翻译研究

叙事概念是实用的,因为它超越了"固有的文化差异"和"身份政治"的本质主义界限。

文学和语言研究倾向于将叙事本身视为一种体裁。而贝克保留了萨默斯(Somers)和吉布森(Gibson)提出的叙事类型学。萨默斯教授是一位社会理论家和比较历史学家。吉布森博士是北爱荷华大学的传播学教授。他们区分本体论和元叙事,试图勾勒出叙事的社会功能和政治意义。贝克理论中的叙事特征也不是原创的。她从萨默斯那里借鉴了一些内容。贝克的叙事特征是时间性、相关性、因果关系和选择性占用。她还保留了布鲁纳的一些叙事特征,即特殊性、通用性、规范性。

贝克认为,当笔译员和口译员一起分析和编织叙事时,他们正在参与构建这些叙事。笔译员和口译员必须承担他们工作的后果。如果他们对自己正在做的事情视而不见,那是很危险的。在接受笔译和口译任务时,他们能够并且经常使用各种策略来隐蔽而明确地突出或压制叙述的特定方面。这些策略使他们能够将自己与作者或演讲者的叙述立场分离开来,或者表达他们对此的同情。他们可以使用的四种主要策略是时空构建、文本材料的选择性运用、标示式建构和参与者的重新定位。

贝克叙事理论的优势之一是它"使政治代理人具体化"。其叙事理论将去人格化的理论人视为具有特征的独立个体。另一个优势是它让我们可以检验跨越时间和文本的叙事中的翻译特征。

自出版以来,《翻译与冲突:叙事性阐释》受到了学界的欢迎。意大利巴里大学的苏姗·佩特丽莉(Susan Petrilli)称赞道:"这本开创性的著作严格审查了翻译、权力和冲突之间的关系。在这本勇敢的著作中,贝克展示了翻译和口译对地球生命的重要性,也成功地提醒我们注意翻译员和口译员永远不能逃避的责任。"

人们将贝克的叙事理论应用于翻译研究的兴趣也越来越大。比如,学者哈丁(Harding)不仅将这一理论应用于她的研究,还进一步发展了该理论。她进行了详细的持续文本分析,检查由三个截然不同的俄语新闻网站发布的关于俄罗斯第一学校劫持人质的在线报道。哈丁的模型没有区分四种类型的叙事,而是从两种类型开始:个人叙事和共享或集体叙事。后者包括地方叙事、社会叙事、理论叙事和元叙事。她修改了类型学,因为她认为贝克的模型忽略了个人叙事和其他类型叙事之间的区别。个人叙述承担一定的个人责任。共享或集体叙事是通过协作过程集体构建的。

第三节 建构新闻叙事学

新闻学与叙事学存在理论的兼容性，兼容的前提是"新闻即叙事"。新学科的建立，应该是由作为母体的"科学"的自身内容生发的，而不是形式上的建构。不同学科之间要有对话的平台，在一套语言体系下进行沟通；关于学科的主体性问题，则要以问题为中心，在问题的分析中突出主体性。

新闻学和叙事学是新闻叙事学的母体，相比叙事学，新闻叙事学在研究内容上更侧重于"新闻叙事"这种类型；相比新闻学，新闻叙事学不但在研究方法上更侧重于话语分析，而且在研究范式上也转向了"叙事范式"。基于"新闻就是叙事"的逻辑起点和"新闻体现为怎样的叙事规律"的核心问题，新闻叙事学才有了建构的价值和意义。

20世纪90年代，先后有章天放、孙皖宁、陈晓明等学者分别撰文谈及新闻叙事视角、新闻叙事研究方法及新闻叙事研究范畴等问题。《现代传播》也曾于20世纪90年代中后期刊登了很多有关新闻叙事的文章，但其聚焦的地方很多是电视新闻。范步淹的《新闻叙事学刍议》一文，强调了引入叙事学的研究路径的重要性，因此有必要建构一门新的交叉学科——新闻叙事学。范步淹的提议在现在看来是非常有价值的，但是由于当时的"理论革新气候"尚未形成，建构新闻叙事学的想法并未在学术界掀起波澜。

一个新学科的建构需要"天时、地利、人和"。从20世纪初至今，一些比较重要的成果的集中产生，离不开学者的不懈努力。学者曾庆香的《新闻叙事学》、学者何纯的《新闻叙事学》、学者黎明洁的《新闻写作与新闻叙述：视角·主体·结构》先后付梓。这些研究各有其特色，尤其是何纯的《新闻叙事学》将叙事学的基本概念及理论系统地运用于新闻文本研究，完成了我国新闻叙事学建构的初创。三本著作的共同点是：受著者所处时代及研究方法等多重因素影响，其研究对象均局限于报纸新闻叙事，未涉及网络新闻叙事。

第四节 体裁分析理论

1981年，英国应用语言学教授斯维尔斯（Swales）提出了"语篇体裁分析"理论框架，并将语篇体裁定义为"可被某一话语社区辨认的、具有特定交际目的、内部结构特征明显的一系列传播事件"。语篇是具有交际目的的社会活动，这一理据决定了话语的图式结构，并影响和限定了语篇在内容和语言风格方面的体现。体裁分析从语篇的宏观结构入手，旨在研究语篇的交际目的和使用策略。

为考察语言运用的变化和差异，斯维尔斯创立了"语步和步骤"分析法，为语篇分析与教学奠定了基础。学者弗劳尔迪（Flowerdew）指出，体裁结构会随语篇参数的变化而发生改变。

根据学者巴蒂亚（Bhatia）的体裁分类，新闻是面向中外专家、学者和学生等进行传播的重要文本信息，目的是吸引潜在群体的关注，属于典型的宣传体裁。鉴于新闻分类较多，本书中提到的新闻指狭义的新闻，即消息。

由于宣传体裁的研究多采用语步分析法作为理论基础，所以本书参考促销信的语步划分，对新闻进行语步分析。

为实现语步分析术语的专业性和统一性，本书借鉴了语言学家艾伦·贝尔（Allan Bell）、凡·戴克（Van Dijk）、道格·纽森（Daug NewSon）和詹姆斯·沃勒特（James Wollert）研究成果中的术语和方法，总结出同一语篇在不同语言中涉及的必备及可选的语步。相关术语及解释如下：

标题：也就是新闻的题目。

导语：指新闻的基本要点。

导语支持信息：对导语的观点给出特定的支持证明或证据，如直接引用权威的讲话、统计数据、具体事例和专家证词等。

背景：

——情景：帮助新闻呈现一些基本知识，即空间与时间以及社会背景。——早期发生的事件：呈现有关新闻的一些早前信息或者事件。

后果：

——事件/行为：提供相关的进一步信息，包括随后发生的事件或行为。

——言语反映：对新闻所做出的言语行为。

评价：
——期望：未来的前景。
——评论：对事件或问题的评论。
次要点：新闻中其他次重要的内容。

第五节　新新闻主义与非虚构叙事

本节以白俄罗斯记者阿列克谢耶维奇（Alexievich）的写作为例来对新新闻主义与非虚构叙事进行分析。

尽管存在很多争论，但多数时候，杜鲁门·卡波特的《冷血》被视为非虚构写作的起始。卡波特的早期创作属于虚构写作，后来，他进入杂志社工作，在新闻真实与虚构写作的不断尝试中，开始了一种新的写作理论框架——和纯粹想象力创造不同，这是一种基于新闻真实性的文学写作。他自己解释道："这种工作基于自己从事专业写作以来就一直酝酿的一套理论……在我看来，新闻和对事件的报道结合在一起可以促成一种新的艺术形式——非虚构小说。"所以，也正因如此，他一直自诩为这一文体的发明者。今天看来，"非虚构写作"之所以能作为一种文体而存在并广为人知，和当时的许多写作者的努力是分不开的，如美国作家诺曼·梅勒（Norman Mailer）。

当杜鲁门·卡波特的《冷血》在20世纪60年代出版之时，美国新闻界称其为"New journalism"（新新闻主义）。毋庸置疑，新新闻主义是被新闻史充分肯定的一项巅峰性成果，"非虚构"和"新新闻主义"一起获得了学界内外的广泛认可。可以说，"非虚构写作"从此正式进入严肃写作的领域。而且至今，"非虚构小说"仍然是广受读者欢迎的热门图书类型。

2010年，中国人民大学出版社引进出版了《开始写吧！非虚构文学创作》，该书收录了包括美国国家艺术奖得主大卫·万恩（David Vann），手推车奖（美国纪实散文最高奖项）、怀丁作家奖得主娜塔莉·库兹（Natalie Kusz），普利策新闻奖得主黛安·艾普瑞尔（Dianne Aprile）在内的近百位美国当代著名作家的非虚构文学写作教学课程并辅以写作练习，囊括了包括写作灵感培养、拼接式写作、人物刻画写作、场景（空间）写作、多线并程写作、隐喻与展现写作和感官式写作在内的写作培训和技巧练习。这标志着"非虚构写作"在中国得到了新闻界内外写作者的广泛关注。与此同时，一批中国学者也开始着手创建非虚构文学写作（创作）体系。

叙事学视域下的新闻翻译研究

2015年10月8日，白俄罗斯作家S.A.阿列克谢耶维奇获得该年度的诺贝尔文学奖。世界为之哗然的并非其写作成就和质量，而是其记者身份。事实上，阿列克谢耶维奇并不是诺贝尔文学奖历史中唯一一个记者——海明威当过记者，马尔克斯当过记者，阿列克谢耶维奇不过是至今仍全职在记者这一岗位上服役的"老兵"。对她的获奖，有人说，这是非虚构文学获得的荣光。《纽约客》更直接以"非虚构赢了诺贝尔"为标题来报道此新闻。非虚构写作的极致状态就是达到所谓虚构写作都不易企及的艺术境界，所以说，非虚构是在极度被信任的大地上开出的文学之花。所谓"极度被信任"，就是说阿列克谢耶维奇的写作是对"时代苦难和勇气的纪念"。它的所有文字都来自脚下的大地，来自她所生活的真实世界，而"复调书写"就是非虚构写作开出的文学之花。

之所以有"极度被信任的大地"之说，是因为俄罗斯文学有一种"大地情怀"，也有人称之为"弥赛亚"精神传统，即直面真实世界，从不回避历史的黑暗、社会的痛苦。从黄金时代的普希金、莱蒙托夫，一直到白银时代的古米廖夫、曼德尔斯塔姆，都有这种家国民族的深情关怀。他们不沉溺于自我的小天地，不沉溺于所谓艺术的象牙塔，不故作深沉，也不无病呻吟，而是将笔触和一颗艺术之心深置于现实生活的最深处。对家国民族的命运，他们觉得自己重任在肩。一个有良知和使命感的写作者，不应成为重大历史事件的缺席者。为此，他们不惜坐牢或者被流放，他们不信神也不信所谓真理，他们只信任自己看到的大地以及大地上的生灵。

阿列克谢耶维奇的父亲是白俄罗斯人，母亲是乌克兰人，作为曾经的苏联公民，阿列克谢耶维奇注视并思考这个庞大的国家。战争自然成为她观察这个国家的切入点。当所有的媒介宣传把卷入战争的人们塑造成英雄、英雄母亲或英雄家庭的时候，她却在自己的亲身采访中给人们呈现出生活的另一面。而且，她认为这才是应该被信任的大地。

作为一名诺贝尔文学奖获得者，阿列克谢耶维奇的写作灵感全部来自脚下的大地以及这片大地上人们的经历。无论是第二次世界大战、阿富汗战争、切尔诺贝利核灾难，还是苏联的解体，她的作品内容都来源于实地采访。写实性极强，着重展现不同的个人命运组成的集体记忆，属于非虚构作品。她用口述记录的方式，讲述一个个真实的历史。

那么，何谓"复调叙事"？所谓复调，本是音乐术语，是欧洲古典音乐的一种体裁。苏联语言学家巴赫金（Bakhtin）借用这一术语来概括陀思妥耶夫斯基（Dostoyevsky）小说的诗学特征。"独白型"小说的一个突出特征就是作者本人是全知全能的"上帝"，故事中的每一个人物、每一个发展情节都是按照作者的意志被支配并向前推进的。而巴赫金发现，陀思妥耶夫斯基笔下的人物有各自独立而不融合的声音和意识，这些多音调并不需要在作者的统一意识下层层展开，而是遵循着每一个人的性格发展发出声音、意识或话语。如此形成的小说具有十分开阔的对话性空间。但是，在苏联，此种哲学体系势曾被当局遏制。阿列克谢耶维奇不止在一个场合说起过陀思妥耶夫斯基对她的巨大影响。

阿列克谢耶维奇不单是把"复调"理论运用于对一个故事主题（如阿富汗战争和切尔诺贝利核灾难）的多方位（多声部）叙事中，就是说，她不只把"复调"当成一种叙事策略，而是把"复调"的思想延伸到整个国家民族历史的理解与重构中。也正因为如此，她才会把采访的对象确定为那些村庄的农民、街边闲谈的妇女或者孩子，让这些最边缘的、任何时候都可能被最先忽略的、如一粒沙一样微不足道的、永远都不会进入官方叙事话语体系的人群发声。她说："如果说一个人是一粒沙子，成百上千的人就是历史。"记录女人的眼泪，倾听孩子的哭喊，在她的故事里说话的都是"小人物"。阿列克谢耶维奇从来就没有想成为一个官方话语中的作家。什么是历史？历史是什么？在她这里，历史不是王侯将相，历史是在无数时间长河中如沙粒一般存在的"小人物"的心灵史，这就是"复调"的历史，历史不是某些风云人物的独唱，历史是"复调"的。我们不能不承认，这是一个堪称伟大的写作策略。

事实上，任何具有创新性的写作都不是空穴来风的。阿列克谢耶维奇要从"沙粒"见证历史长河的面目，她并没有刻意挑选大颗的沙粒，也没有把选中的沙粒当成任自己随意摆布的积木，她让这些沙粒自言自语，在看似平静的话语下呈现出一个逝去的、熟悉又陌生的残酷世界。在平静的叙述中，写作者本人消失了，留下的只有那些原以为过去是那样而其实是这样的的历史场景。这就是人们所谓的"口述历史"。"口述历史"并非阿列克谢耶维奇创造的。如果说，陀思妥耶夫斯基在创作思想上影响了阿列克谢耶维奇，那么学者阿达莫维奇（Adamovich）则直接在如何写上对阿列克谢耶维奇产生了指导性的影响。有所不同的是，阿列克谢耶维奇在让"沙粒"说话上更彻底和直接，因为作为采访者的记者在书中似乎不再被读者看到或听到了。只要仔细比较，他们的访谈方法并不完全相同。在访谈中阿达莫维奇能一直融入自己的评论，阿列克谢耶维奇则完全只在倾听是谁在表达、如何在表达这种诉说的文字风格中呈现自己。

若干世纪以来，诗歌、戏剧以及后来的小说高居文学艺术的殿堂。包括瑞典学院诺贝尔文学奖评委在内的批评界，在文学阅读趣味上传统而保守，

叙事学视域下的新闻翻译研究

普遍认为纪实性作品是难登艺术殿堂的简陋之作。但事实是，德国作家蒙森（Mommsen）与英国文学家罗素（Russell）分别于1902年和1950年获得诺贝尔文学奖，而1953年英国政治家丘吉尔（Churchill）以《第二次世界大战回忆录》也获此殊荣。如果《史记》有堪与其原著媲美的英文版本，司马迁也无愧于一个诺贝尔文学奖。对于文本来说，文体不是最重要的，最重要的是写什么和怎么写。每一类文学文体都有独特的形式追求，以及能达到的艺术高峰，纪实作品也不例外。以"纪实"为根本的"非虚构"作品，以现实元素为背景，淡化了文学和纪实题材的严格界限，同时也广泛吸收了社会学、历史学、人类学等其他领域的方法。从新闻的角度看，非虚构其实是抵达真实的另一种方式。早在20世纪中叶，一些美国作家发表了一系列非虚构作品，如杜鲁门·卡波特的《冷血》和诺曼·梅勒的《刽子手之歌》等，或者更久远点的如约翰·赫西（John Hersey）的《广岛》等，如果非虚构不具有事实之外的另一种真实，即一种情感的、心灵的以及历史的真实感，就不会至今仍位居经典之列。

那么，阿列克谢耶维奇的复调叙述是如何打动评委，又是如何抵达非虚构写作的艺术至境的呢？那就是作为底色一般存在于非虚构作品中的悲怆感。从目前读者能看到的中文版——《我不知道该说什么，关于死亡还是爱情——来自切尔诺贝利的声音》《我还是想你，妈妈》《我是女兵，也是女人》《二手时间》来看，估计没有读者不会被行文中的悲怆气质所"击痛"。这种气质是俄罗斯文学所特有的艺术气质，它来自介于欧亚大陆连接处的寒冷、广袤的大地；来自那片大陆上人们的生、死、爱、恨，那是来自陀思妥耶夫斯基、别尔嘉耶夫的传统；来自曼德尔施塔姆、茨维塔耶娃、阿赫玛托娃在内的"白银时代"诗人的诗歌中深刻的"苦难性"，阿列克谢耶维奇不过是将这种艺术气质拓展到了纪实和非虚构写作的领域。她说，每个时代都有三件大事：怎样杀人、怎样相爱和怎样死亡。阿列克谢耶维奇关注的恰恰都是这些最悲痛、最沉重的事件。阿列克谢耶维奇不掩盖、不粉饰苦难的存在，她承认民族与国家以及个人命运的苦难性。陀思妥耶夫斯基也曾说过类似的话：不经历苦难的人是不完整的。但阿列克谢耶维奇要追问，为什么这个民族就注定要经历苦难？为什么人们的生活不能是光明的、愉快的？因为明明有一些苦难是人为导致的，所以，她认为，无论是在切尔诺贝利，还是在某场战争中，苦难并不能让人更完整，而是让人"变形"。她也不认同人们常说的——苦难是我们的"大学"，苦难是民族历史上一些阴暗的角落，在人的心灵上长久地留下黑暗的印迹。所以，她要倾听人们对苦难的记忆，让人们不仅要提及而且有必要反思过往的苦难。

阿列克谢耶维奇称自己的写作模式为"自己的文献文学"。这里有两层含义:"文献"即写作的真实性,是来自极度被信任的大地的叙事,如大地一样沉默的大多数,让大多数沉默者发声的口述历史;"文学"的含义是肯定叙事的艺术,看似朴素、简单、白描、缺乏任何修饰的口语化句子,最终呈现出一种震撼人心的阅读体验。如果说罗丹的雕塑是在"和石头搏斗",那么,阿列克谢耶维奇"文献文学"式的写作就是"和时间搏斗"。她说自己去倾听众多小人物的声音,不过是抓取那些被生活遗忘的"废料",再将"废料"进行清洗和打磨,而后从中创造出艺术。这时的"小人物"传递出的是痛苦,传递出的是一个时代的情感、一个民族真实的灵魂状态。

这种非虚构作品让我们觉得"这世间,百看不厌"。其所抵达的世界真实和艺术境界,都远远在所谓纯粹的、想象的、虚构的文学之上。

第六节 文体学相关理论

新闻也属于一种文体,文体学和叙事学也有很紧密的联系。那么文体学是指什么呢?文体学是用语言学方法研究文体风格的学问。但是,文体风格的定义有颇多争议。本节的分析并不试图给文体学下一个定义,而是给其相对于叙事学的不同研究范围进行一个清楚的界定。因此,可以很方便地采用学者刘世生对文体学的运作的解释:"文体学运用语言学的方法分析语言形式的文体作用。"

就以文学作品为分析对象的文学文体学而言,它的诞生使文学分析和语言学描写有了沟通之桥。学者利奇(Leitch)和肖特对文学文体学做了这样的界定:文学文体学的目的是把文学批评家关注的美学阐释和语言学家对语言的描写结合起来。文学文体学在新批评派衰落后不久便繁荣起来了。这个事实充分说明,相对于新批评,文学文体学有更旺盛的生命力,其优势在于其采用现代语言学理论来武装自己,使其分析更加系统化。

文体学对语言学理论的采用决定了其学科发展必定依赖语言学的进步,它在过去几十年的发展就是最好的证据。几乎每出现一种新的语言学理论,都会紧接着出现一个新的文体学流派。学者徐有志指出,在20世纪60年代之后的几十年里,文体学应用各种语言学模式,包括转换生成语言学、系统功能语言学、言语行为理论、话语分析等理论的势头不断增大。可以说,这个时期的文学文体学是语言学文体学借用语言学相关理论建构描述框架对作品进行文体分析的文学文体学。近二三十年来,随着认知语言学的出现,文体学领域又诞生了认知文体学流派。与先前的文体分析不同的是,认知文体学的分析把语言选择与认知结构及认知过程联系起来。文体学不仅采用语言学理论,还广泛吸收其他领域的成果,包括哲学、美学,甚至音乐。除此之外,在21世纪以来,空间叙事学的一些分析方法也被文体学借用。

由此看来,跨学科是文体学的突出特点之一。不但文体学本身就是跨学科的产物,而且保持其生命力的一个重要手段也是跨学科。通过借用各个领域的相关研究成果,文体学不断扩大自己的视阈,丰富各种分析方法,对语料具有了更全面、更具说服力的阐释。鉴于文体学和叙事学共存和互动的关系,相关学者可以寻找两者的有效结合点,使两种分析方法得到最大程度的优化互补。这种做法应该算是一种应时之需的努力。

回顾文体学在20世纪的发展历程,可以说,语境化是其中的一条重要发展线索。在被称为"文体学之父"的巴依(Bally)发表了《法语文体学》的两卷本专论之后,现代文体学的思想在欧洲大陆产生了广泛影响。在文体学随后的发展史上,雅各布森是位不可不提的人物。他于1958年在印第安纳"语言的文体"大会上朗读的《闭幕词:语言学与诗学》,对文体学作为一个学科的发展具有里程碑的意义。该文把文体界定为文学文本的固有特征,并且提倡应用当时占据主导地位的语言学模式——结构主义语言学,建立一种清晰、客观、科学的结构主义文体学分析体系。不过,这种形式主义的文体学分析方法在其随后的实际分析中给人一种呆板枯燥、缺乏生机的感觉,而且还在很大程度上与其对所描写的文学文本的解释不相关。

为了矫正形式文体学的这一缺陷,功能文体学的分析者强调,这个新生的流派可以有效缩短描写、分析与解释之间的距离。但是,遗憾的是,功能文体学的分析者仍然没能在实践中克服这一障碍,主要原因是许多功能文体学的分析者仍认为形式和意义之间的关系是固定的,忽视了语言现象具有不确定性、具有多样的意义和功能的特点。

20世纪70年代末,文体学取得了重要的进展。随着主流语言学出现语用学、话语分析等分支,语境得到越来越多的重视,文体学研究也呈现出语境化趋势。当接受语境也被纳入文体学研究的范畴,读者在文体学分析中也就有了发言权。尽管费什提出的关于文体效果不在文本之中,而是存在于阅读活动之中,并因此提倡建立"感受文体学"或"读者中心文体学",视读者的推测、预期和解释过程为文体研究的第一要务,这种说法尽管难免有些矫枉过正,但是他对提高读者在文体学分析过程中的地位所做的贡献是不容小觑的。

文体学的语境化趋势不仅体现在功能文体学理论的发展上,而且在新兴的社会或历史文化文体学及认知文体学中得到彰显。

这些新兴文体学流派使得语境（包括社会语境和心理语境）在文体学分析中占有越来越重要的地位。

与上述语境化趋势相一致，译者要兼顾读者在叙述文体分析中的地位，特别强调读者在日常生活中获得的叙事能力。

此外，强调前景化的叙事技巧和文体技巧是读者认知的结果。对于读者的认知能力如何在发现叙事技巧和文体技巧中起作用，广大学者可以进行更为深入的探究。

除了读者的接受语境之外，语境概念也包括作者和叙事的生产语境。不论是叙事技巧还是文体技巧，都能提供了解作者独特世界观的信息。

关于语境，要特别强调的是一种特别的语境。一些文体技巧需要在叙事技巧搭建的宏观框架中才能得到适当的阐释，因此，相对于叙事学的大框架而言，文体技巧就犹如串在一根主线上的珠子；反过来，相对于微观的文体技巧而言，叙事技巧的大结构就构成了一种特殊的阐释语境。

换言之，如果没有叙事技巧构成的这根主线，那些零碎的文体技巧或许不会具有多大的意义。然而当它们被串在一起，置于这个有特殊意义的叙述框架背景中，那些文体特征就可能被赋予新的意义。学者斯彭塞（Spencer）和格里戈里（Gregory）用的术语"定位"说的就是大致相同的意思：要对文体技巧做出合理阐释，就需要把其定位在一个合适的语境之中。当作者试图把文体技巧定位在由叙事技巧构成的宏观框架中时，它们会呈现原先未凸显的或者难以被发现的意义。

在概述了文体学的学科特点和主要发展趋势之后，有必要对其重要的分析方法做相关介绍。

利奇和肖特在著名文体学著作《小说文体学》中提出了一套系统的文体学分析方法。这本书主要由两部分构成。第一部分罗列了可能构成文体特征的语言的各个方面。利奇和肖特建议文体分析者，尤其是初学者，对照着他们提供的这份文体特征清单，系统地检查作品的语言现象。他们指出，在大多数情况下，这份文体特征清单可以帮助读者搜索到原本不太明显的语言特征，特别是在面对一个崭新的文本的时候。利奇和肖特把语言特征归入以下四个范畴：词汇、语法、修辞及衔接和语境。利奇和肖特着重指出，单一、孤立的语言选择不会产生很大的文体效果，所以不是文体分析的对象。文体分析关注的应是重复出现、构成连续的语言特征。也就是说，文体分析的应该是一定长度的文章中文体效果的相互作用。接着，两位作者用示例说明了文体特征的微观效果，包括语义、语法和语音三个层面。在文体分析中，可以通过观察语音或语相以及句法特征，对文本做出文体学的阐释。如果说该书第一部分，如申丹所说，是针对学生和非专业人士介绍文体分析基本方法的，那么该书第二部分的专业性就拔高了许多。这一部分虽是以英国语言学家韩礼德（Halliday）的三个元功能为出发点的，但是对其进行了很大改动。

利奇和肖特把主要针对小句层面提出的元功能扩大到整个语篇，建立起一个包括文体特征各个方面的宏观框架。有学者比较清楚地阐释了《小说文体学》第二部分以功能框架解释小说语言显著特点的做法，并建议，要解释小说语言显著特点，读者可以从以下几个方面着手：①从概念功能出发，观察作者是如何通过操纵语义角色使读者倾向于某一种特殊的思维模式的，还要观察作者创造的意象和象征等；②从语篇功能出发，观察作者对某些词汇、句式、节奏的偏爱；③从人际功能出发，观察作者采用的各种视角、作者的语气在语篇中的微妙运作，以及话语思想的各种表达方式等。

与其他文体学流派专门用一种语言学理论及其分析框架不同，利奇和肖特在文体分析中灵活采用多种语言学理论。只要可以满足实际分析需要，他们就会采用一种或几种语言学理论。

在以语言学理论为支撑的文体学流派中，韩礼德创立的功能文体学是最为广泛采用的。学者刘世生指出，功能文体学理论是现代文体学发展史中最有影响的理论。功能文体学的分析框架已经不是功能文体学流派的专利了，而是被其他诸多文体学流派借用。它是新兴的批评文体学流派的核心理论基础。学者韦伯给批评文体学做了清楚的描述：批评文体学在很大程度上是以一种建构主义的语言学理论为基础的，也就是以韩礼德的系统功能语法为基础。系统功能语法把语言看作意义产生的源头，通过该意义潜势，社会现实被构建和重建。女性文体学有时候被视作批评文体学的分支，经常采用韩礼德的及物性分析，批判性地审视文学作品或大众文化对女性形象的塑造。

前文提到，韩礼德的元功能理论也被利奇和肖特采用。他们是这样解释自己的文体学分析策略的：当说文体变异时，他们指的是语言的三个编码层；当说文体价值时，他们关心的是三个元功能。实际上，这也贯穿了功能文体学的基本原则。功能文体学系统而全面地描述了可以在语言的三个层面上，包括语义、语法、语音或语相，产生文体效果的语言现象。这些各个层面上的文体变异如张德禄所说，可区分为"失衡"和"失谐"，即质的突出和量的突出。功能文体学以小句为基本单位，探讨语言选择是如何实现三个元功能的。简单地说，概念功能指的是小句的内容，体现某种过程、相关的参与者和环境因素。

人际功能表示从句中发话人或作者与受话人之间的语言交流。语篇功能则指小句与上下文话语及其生产语境相关联。韩礼德指出，在小句层面，概念功能主要表现为六个及物性过程，即物质、心理、关系、行为、语言和存在过程。人际功能主要表现为情态和语气结构，语篇功能主要体现为主位结构。与上文提到的利奇和肖特的观点一样，韩礼德也强调，任何语言特征都可能构成突出，但是只有当它们构成一个连续系统时，才能在一个语篇中成为突出的文体特征。一言以蔽之，使一个语篇在文体上呈现特色的不是某一个孤立的语言特征，而是共同存在和互相作用的一系列语言特征。在功能文体学的基础之上，学者马丁专书论述了人际功能的语言表现。

话语文体学的理论基础是以现实社会语境中使用的语言为研究对象的话语分析理论的，它目前主要关注的是对话分析。

其分析模式主要有四种：第一种是以种族方法论方法进行的对话分析模式；第二种是伯明翰话语分析流派，采用韩礼德的范畴语法结构模式，形成包括互动—交易—交流—话步—行为五步的话语分析模式；第三种是面子和礼貌策略模式，认为在现实对话中构建内容和形式都包含某种言语行为动机，也就是说，都考虑如何维护自我和听者的形象；第四种是从格莱斯会话含义理论发展而来的合作原则模式，即在实际对话中，参与者相互合作，共同遵守的对话准则，包括量的准则、质的准则、关系准则和方式准则。详细分析小说对话可以更深刻地揭示参与对话的人物之间的关系。由于对话在小说中的地位举足轻重，话语文体分析的方法对深入理解小说非常必要。

张德禄指出，功能文体分析加上话语文体学的对话分析，会对文学作品进行更加全面和深入的阐释。

说到文体学，我们可以再延伸谈一下叙事文体学，这也对新闻翻译与叙事学的结合有一定的参考，下面我们来具体谈一下。

叙事学和文体学都研究小说艺术的形式特征，两者有很多相似之处。不少学者指出，两者是同中有异的关系。小说的艺术形式包含两个不同层面：文字技巧层面和结构技巧层面。叙事学聚焦于后者，文体学则聚焦于前者。叙事学的主要价值在于它对于叙事作品的宏观叙事技巧及其造就的宏观结构的发现，所以本书关注的不是微观的句、段层次的叙事技巧；而文体学，更确切地说，现代文体学所关注的是涉及作者遣词造句的"文体技巧"。显然，一部文学作品的形式是由叙事技巧和文体技巧共同造就的。单单分析微观层面的语言现象，可能会使文体学家"只见树木，不见森林"；而只分析宏观层面的叙事技巧，则可能会因为缺乏具体语言细节的支撑而使文章流于空泛和直觉化。所以，叙事学分析和文体学分析理应是一种结合的关系，而不是替代关系或平行关系。

目前国内外尚未设立叙述文体学这门学科。不过，一些叙事学家和文体学家已经把叙事学和文体学的某些理论和术语结合起来，对文学作品做出了颇有新意的阐释。学者申丹把叙事学和文体学的结合分为三类：一类是以辛普森、卡尔佩铂（Culpeper）和弗卢德尼克（Fludernik）等学者为代表的"温和派"。"温和派"借鉴叙事学的某些概念作为文体分析的宏观框架。这类借鉴主要局限于叙事学和文体学两学科共同关注的领域，如视角、思想和话语的表达方式。叙事学家和文体学家都对这两个现象颇感兴趣，但是相比较而言，叙事学对相关技巧的分类、命名和研究更加细致、深入，对二者的把握更为宏观；对叙事学研究成果的借鉴可以帮助文体学家更有效地发现和揭示作品中的相关语言特征。第二类是"平行派"，主要代表是迈克·图伦（Michael Toolan）。他对叙事学和文体学都感兴趣，几乎同时在这两个领域有所著述。然而，他似乎并未把叙事学和文体学的分析方法结合起来。第三类是"激进派"。顾名思义，这组实践者试图把叙事学和文体学彻底结合起来。最突出的代表是辛普森。他在2004年出版的著作《文体学》中，论述了叙事学和文体学的关系，并尝试提出了一个二者糅合的框架，提出了"叙事文体学"这一术语来命名这个融合性框架。

辛普森为叙事学和文体学两学科在理论上的结合所做出的贡献是不容置疑的。但是，他把两个学科的核心概念"文体"和"话语"几乎等同起来，未对两个学科的独立性、差异性和各自的长处给予充分的考虑。另外，在将两个学科融合的过程中，他提出的新术语叙事文体学似乎也不足以说明它是两个学科、两种分析方法的融合。因为叙事指的是叙事作品，而不是叙事技巧，更不是对叙事技巧进行分析的方法。所以，给人们的感觉是：叙事文体学是对叙事作品的文体学进行分析，其侧重点在于文体分析的对象是叙事作品，而不是其他文类。以叙事文体学来命名这两个学科的结合，不能充分展示该章收录的迈克尔·肖特（Michael Short）论文的意义。肖特对现代派作家欧文·韦尔什（Irving Welsh）的短篇小说《非洲秃鹳噩梦》中的叙事技巧和文体技巧同时进行分析，令人信服地揭示了小说中最突出的叙事技巧——倒叙。卡特在《语言与文学》中收录的纳什对劳伦斯的短篇故事《菊香》的分析也有力地说明：《菊香》主题的表达有赖于宏观层面的相似性叙事结构与微观层面的文体技巧的合作。

上述学者通过同时采用两种分析方法，更全面、深刻地揭示了文学作品的含义。但是，总的来说，他们的尝试具有以下共性：首先，他们的研究大多是具体作品的分析。也就是说，大多分析的是选定作品中的某种最前景化的技巧。其次，也是更重要的，他们的研究大都用叙事学技巧作为文体分析的引子，而显然随后的文体分析才是"重头戏"。他们之中只有少数几位努力做到了在两种分析方法之间保持平衡，顾及它们互动互利的方面。

谈到叙事学与文体学的融合，有必要区分两种命名：一种是叙事文体学，把文体学的分析方法应用于叙事文体；另一种是叙述文体学，采用叙事学界对叙事的惯用分析方法，与文体学分析方法相融合。由此，前一种融合的结果是辛普森命名的叙事文体学，后者则是叙述文体学。本书研究如何把叙事技巧的研究和文体分析的方法结合起来，故采用叙述文体学。

与文体技巧相比，叙事技巧处于宏观层面，而且数量有限。所以，在本书中，不论是理论建构还是实例分析，都以叙事技巧为出发点。就叙事学而言，它与文体学的最佳结合点是对形成某种叙事结构的宏观技巧的研究，因此须把叙事技巧与叙事结构联系起来。本书的叙事技巧呈现为叙事结构。基于中西方在叙事结构研究方面的差异，本书融合了西方系统的形式分析方法与中国特色的人本主义立场。一方面，西方对前景化的形式技巧的分析能让读者窥见作者独特的世界观和生活观；另一方面，针对西方在一段时间中"否认作者"及"削平一切"的负面影响，中国"以人为本"的立场可以帮助文学叙事恢复生机。

本书也做了实例分析，但各个实例分析的前后都有相关理论的探索和进一步思索，以便读者在阅读其他文学作品时能够发现被前景化的叙事技巧和文体技巧。与先前研究的不同之处还在于本书特别强调叙述和文体这两种技巧的相互作用。在这种融合中，不但叙事学研究为文体学的分析搭建宏观框架，叙事学的分析还被文体学的分析所论证，甚至被赋予更丰富的内涵。尤其重要的是，对两种技巧同时加以分析可以更深入地理解叙事作品。

为了找出两种技巧的最佳结合面，有必要澄清两者在针对同一分析对象时的不同着眼点，也必然需要先找准两种分析方法都适用的分析对象。

只有在两种方法都适用的范围之内，把两者融合起来才有意义。

就叙事学和文体学两个领域在过去几十年的发展而言，尽管两者都研究形式特征，叙事学比文体学的适用范围要广得多。简单地说，文体学是"研究语言使用风格的学科"，而叙事学是研究"各种媒介的叙事的理论"。关于叙事的多样媒介，韦尔斯是这样区分的：叙事经常是通过语言来进行口头的或书面的表达，但是它们也可以在舞台上以戏剧表演的形式展现，或者以电影、一连

叙事学视域下的新闻翻译研究

串手势等视觉化的形式表现出来。奥尼加（Onega）也指出，电影、戏剧、连环漫画、小说、新闻短片、日记、编年史和关于地质史的论文都是广义上的叙事。所以，叙事学和文体学的共同研究对象应是所有以语言为媒介的作品。尽管在过去的十余年里，一些学者把这两者的重合区域延伸到非语言媒介——主要是电影，但是叙述文体学的研究仍然针对以语言为媒介的作品。

在辛普森的《文体学（学生用书）》中，迈克·肖特发表于1999年的论文被拿来作为叙事文体学的例子。肖特分析的语料是欧文·韦尔什的短篇小说《非洲秃鹳噩梦》。这部短篇小说的大部分内容是主人公成为植物人之后，其思绪在三个世界之间的闪回，即肖特所说的虚构的过去、虚构的现在和想象的未来。在书中，辛普森高度赞扬了肖特的分析，指出肖特论文的一个突出之处在于他仔细研究了欧文·韦尔什在小说中应用字形变异标示视角的现象，即文体标志是如何帮助识别小说中叙述视角的变化的。这是叙事学和文体学的一个重要的重合面。

这里要探讨的问题是：就叙述分析和文体分析的关系而言，肖特论文的创新性究竟体现在哪些方面？叙事技巧和文体技巧的分析是否只是单方受益，还是两者互动？另外，肖特的分析具有多大的典型性和普适性？

这种综合性分析方法是否仅局限于他分析的这个个案，还是可以用于其他同类作品？就像以上分析纳什的论文时所指出的，人们不得不承认，纳什对《菊香》中宏观叙事结构对主题的相似性呼应的分析的确很有说服力，但是该分析是否有些许规律可循，以便让读者用来分析其他作品？针对肖特的论文，同样可以说，肖特选择了一个很典型的时空世界频繁转换的语料进行分析，但是这种分析方法是否可以对其他作品中类似现象的分析有所启发？这是下文要重点探讨的问题。

为了弄清楚肖特论文采用的分析方法是否具有典型性和普适性，我们应该重温他的论文，重新认识他论文的创新性。

在论文中，肖特把小说的三个层面叫作三个叙述层次，因为从虚构的现在到虚构的过去到想象的未来三个世界的转换通常都是由"DEEPER"这个词象征性地标示出来。但是，事实上，肖特所分析的这三个世界都属于叙述话语层面。仔细阅读肖特的论文就会发现，他的分析更接近于申丹划分的激进式融合。具体地说，该文把叙事学对时态的分析与文体分析很好地结合了起来。叙事学中的"时态"是热奈特用来指称故事时间和话语时间之间的关系的术语。乍看起来，《非洲秃鹳噩梦》中涉及的时间技巧和热奈特所说的时态并不完全吻合，但是，透过小说中主人公混乱思维的表面，三个世界之间的关系便会清

第四章 新闻叙事相关理论

楚呈现。用热奈特的术语来说，这三个世界之间的关系就是倒叙和前叙。不过，这篇小说里向想象的未来世界的跳跃与热奈特的前叙稍有不同，这一点后文会进一步解释。在热奈特的书中，倒叙和前叙都是由故事中的"第一叙述层"或叫"主叙述层"，即某个叙事的出发点，向其他时空世界的转换。肖特分析的《非洲秃鹳噩梦》正是如此，它包含了从主人公的现在向过去和想象的未来世界的频繁转换。主人公从现在向过去的转变是典型的倒叙。他从现在向未来的转换与热奈特的同类现象却不尽相同。小说中现在向未来的转换在科幻小说中司空见惯，但是在热奈特的时间模式中却未被提及，原因是热奈特的叙事技巧是针对《追忆似水年华》这部小说提出的。鉴于《追忆似水年华》的具体特点，热奈特的时序模式只包括小说中真实事件之间的时空转换；而在《非洲秃鹳噩梦》中，从现在向未来的转换，只存在于人物的想象或幻觉中。热奈特的时间模式未包括这种想象或幻觉之间的时空转换。

后文将说明热奈特命名为前叙的这种现象，就其所表示的时间段而言，应该被合并到倒叙中。更何况，在后现代小说中，时间概念发生了急剧变化，若再把这种从现在向虚幻的未来世界转换的时间模式排除在外，恐怕有些不合时宜。但若给这个虚幻的未来世界以时间定位，它便会与热奈特的前叙世界不同，因为前者在时间轴上是个没有被实现的点，或者说，是未定点。一方面，这个时序特征并不是很重要；另一方面，为了避免新造概念可能引起的混乱，我们仍然可以采用热奈特的前叙来指称这种由现在向想象的未来世界的转换。肖特的分析展示了叙事学的倒叙技巧与文体学的字形变异之间的结合。当人们清楚地认识到肖特对文中技巧的两步分析是叙述文体学对时序技巧的综合分析时，他的分析方法便可以应用在对其他类似现象的分析上了。时空跳跃在现代采用意识流技巧的小说中很常见，肖特的分析方法可以启发读者去发现该类小说中人物心理在时空转换之间的文体标志。

在对叙述文体学的几种综合方法进行归类时，有学者把肖特的论文归为与温和的和激进的方法相对比的平行法。这篇论文可以划分在平行法里面吗？恐怕不宜将它归于平行法，也就是说，它不是叙事学方法和文体学方法的融合，而应是激进的融合。在肖特文中，叙事学和文体学分析之间互动和依存的关系得到了颇为彻底的展示：叙事技巧的发现为其后的文体分析提供了一个宏观框架；反过来，文体特征的发现和阐释又证实修正或者成就了作品的叙事结构。不仅如此，文体分析还有助于进一步揭示叙事结构的意义。肖特在《非洲秃鹳噩梦》中发现了字形变异的"DEEPER"，不同大小字体的并置、人称代词的变化，这些文体特征使得《非洲秃鹳噩梦》呈现出界限分明的叙事结构特征。比较各个时空中的文体特色，可以揭示出三个时空之间的关系，并进一步解释该作品的主题。比如说，在想象的未来世界中应用的标准英语与在虚构的现实世界中应用的非标准英语形成了鲜明对比。这个对比与作品的主题思想相呼应，表明现实和想象之间的巨大差距。正如辛普森所说，在发现和探讨该小说中"语言细节与更大规模的叙事结构之间的关系"上，肖特的确独具慧眼。

综上，肖特的分析证实了我们在叙事学和文体学分析之间的关系上所持的观点：对宏观的叙事技巧和微观的文体学技巧的发现可以相互证实、修正或加强。借用纳什的说法，对这两个层次的技巧的分析是交织在一起的。

第五章 新闻翻译的叙事主体

本章的主要论述内容是新闻翻译的叙事主体,主要从"新闻翻译的叙事接受""新闻翻译的叙事选材"这两个方面进行了论述,希望可以帮助广大读者了解相关的内容。

第一节 新闻翻译的叙事接受

一、新闻叙事者

新闻叙事者(本书的新闻叙事者简称为叙事者)就是新闻文本中事件的讲述者,是叙事行为的"责任人"。叙事者是组织语言符号讲述事件的一种非人格存在,在文本中表现出来的就是第一人称的"我""我们"和第三人称的"他""他们"。

文学文本是虚构的叙事,其文本中的叙事者是虚构的,与真实作者不能合二为一。

实际上叙事者也就是叙事主体,在不同报道中充当公开叙事者、缺席叙事者或者是隐蔽叙事者。公开叙事者一般用于当事人、事件相关人无法呈现事件背景资料的情况,这个身份可以直接"发声",讲述自身经历所闻、所见、所感;隐蔽叙事者常将自身藏于故事之后,让整段叙事更加符合新闻的客观主义;在某些采访、对话场景,一般采用缺席叙事者的方式,这种问答形式使得报道更为形象。

二、新闻接受者

与新闻叙述者相对应,新闻接受者(本书以下简称接受者),具体是指新闻文本中事件的听者和与叙述者对话、沟通、交流和互动的对象。模拟、虚构是文学文本中的接受者不容忽视的特点,可以说这在现实生活中是不存在的。

因此，真实的读者和虚构的接受者在文学文本中是不能被混淆的。新闻文本对公众开放，其接受者可以是新闻文本中的任何个人和团体。因此，新闻接受者就是现实中的接受者。

借助新闻文本的解读，新闻接受者对问题有了自己的理解。接受者不仅存在于文本中，还存在于现实中。

需要注意，受众与接受者是相似的，但也是两个独立的部分。

"受众"是传播理论体系中的一个关键词。研究人员扩大了"演讲听众"的群体，并使用受众来指交际活动的参与者。它是新闻传播效果的归宿，与传播者相对应。新闻接受者是新闻叙事学理论体系中的概念，具体指新闻文本信息的接受者。它是文本意义的生成场，与叙述者相对应，是与叙述者沟通和对话的对象。接受者不仅与叙述者交谈、交流和沟通，还担负着生成新闻文本意义的双重任务。

三、标准接受者

标准接受者与新闻文本相对应。它被假设具有完整的新闻文本解读能力，可以更为全面地、整体地理解叙述者的意图。所以说，标准接受者可被称为叙述者制作新闻文本的标准样本。事实上，标准接受者是叙述者在新闻文本制作过程中建立的参照系。它是叙述者想象出来的理想化接受者。不存在于现实生活中，而只存在于思想中。我们称之为"虚拟的标准接受者"。

应该认识到的是，标准接受者的数量与叙述者的数量一样多。叙述者总是在语言或其他符号活动中建构一个虚构的接受者，形成自己对标准接受者的理解，并促使一些具体的新闻实践活动得到规范。在新闻文本的生产过程中，叙述者根据标准接受者的解释能力和行为，包括文本的词语和句子、修辞和意识形态灌输，无意识地组织文本。所以说，标准接受者和真实接受者之间的接近度和差异程度会对新闻文本的接受产生一定的影响。

此外，新闻传播活动过程有着显著的程式化特征，叙事者会对标准接受者有共同的理解，从而形成标准的接受者形象和新闻行业的实践规范。实际上，几乎完美的标准接受者并不存在。因为某种原因，实际接受者不符合标准接受者，真实的接受者可能无限接近标准接受者，但它不能一点不差地满足叙述者的完美标准。

四、新闻叙事流程

新闻叙事有三个主体：新闻叙事者、新闻接受者和标准接受者。结合新闻文本的产生过程和三位参与者的活动，我们可以获得新闻叙事的全过程，具体如下：

第一，原始生态事件通过记者（包括文本记者、摄像记者）的挖掘成为源文本。

第二，记者以标准接受者为参考新闻文本的目标受众，采取多种叙事策略，将源文本加工成主要新闻文本。

第三，编辑重新处理了主要新闻文本并进行了传播。

第四，现实中的接受者接触新闻文本。

第五，现实接受者用各种方法理解与分析新闻文本，并得到相应的意义。

第二节　新闻翻译的叙事选材

一、叙事赞助人

我们这里说的赞助者是指有权促进或阻止文学阅读、写作和重写的人以及机构。

贝克教授认为，在每次翻译时，译者都得面对一个基本的道德选择：是简单地复制原文中的意识形态，抑或与其保持一定的距离，甚至在必要的时候拒绝这项任务。

结合上述原因，译者在选择"以我为中心"的叙事材料时应做到下面这两点：

首先，选择的新闻翻译叙事材料应体现国家利益至上的原则。

其次，选择的新闻翻译叙事材料应塑造正确良好的国家形象。这是新闻翻译的归宿与初衷，也是新闻翻译良好作用得以发挥的重要依据。

二、叙事接受者

（一）叙事接受者与叙事者的联系

表面来看，发生了什么样的新闻事实决定了新闻媒体生产怎样的内容，但实际上，叙事接受者的需求在很大程度上影响了新闻叙事的生产。

比如，叙事接受者对媒介技术的盲目崇拜、叙事接受者的"趣味"取向都可能反作用于新闻叙事的生产模式，而当这种模式被固化之后，又可能进一步培育和加强叙事接受者的这种"趣味",正是在此意义上,二者达成一种"合谋"的关系,彼此互动、调试和影响。

这就是学者皮埃尔·布尔迪厄(Pierre Bourdieu)曾经在其专著《关于电视》中提出的"象征性暴力",它区别于外显性的暴力,是文雅的、看不见的暴力。象征性暴力是在社会行动者合谋的基础上施加在被支配者身上的暴力,它强加并灌输意识形态,却使人把支配结构看作自然而然的。布尔迪厄提出:是电视制造了游行,还是游行制造了电视?本来应该是先有"游行"的发生,然后才能有电视新闻的生产,但是为了达到某种目的,"游行"会按照电视新闻的生产模式预先进行设置和布局(如显眼而夸张的标语、具有画面感的队列等),以便于这种预演在真正实施时能够适应电视的叙事模式,从这个角度来说,不是游行制造了电视,而是电视制造了游行,新闻叙事的生产发生了结构性的反转。

但是,我们从更高层面上来看,"游行"和"电视"其实是彼此制造的过程,作为叙事接受者的"游行者",希望看到他们所期待的某种效果的"电视中的游行",作为叙事者的电视则希望通过迎合这种期待而扩大自身影响力,正是它们的合谋不仅遮蔽了真正有意义的那部分事实,还使新闻的趣味越来越世俗化。

(二)叙事接受者的重要影响

下面以新闻翻译中的外宣翻译为例,来说一说叙事接受者的影响。

在选择叙事材料时,译者不能将内部宣传材料直接应用于外部宣传。应该认识到,叙事接受者的兴趣和需求、信仰和价值观、文化背景和社会心理应该是译者选择材料时所依据的内容。

需要认识到,译者在实现"内外有别"的时候,也应根据不同国家的叙事接受者实现"外部有别"。例如,发达国家和发展中国家之间存在差异,亚洲、非洲和拉丁美洲发展中国家的主要问题是怎么脱离贫困,当地公众最感兴趣的是中国的经济建设和社会发展。只有做到外部有别,我们的翻译才能被外国叙事接受者所接受。

第六章　新闻翻译的叙事建构策略

本章对新闻翻译的叙事建构策略进行了一定的分析,主要从三个方面具体展开,分别是"叙事时间、视角和结构""时空、文本素材的建构""标示式建构与参与者的再定位"。

第一节　叙事时间、视角和结构

一、叙事时间的相关分析

在探讨新闻翻译的叙事时间之前,我们有必要了解叙事学对时间的分析。在此,本书先联系小说这一文体对叙事时间的相关内容进行分析,然后再在此基础上探究新闻翻译中叙事时间的转换。

(一)时间技巧的认知视角

在解释时间技巧之前,需要简单介绍一下选择和评价时间技巧的标准,即读者的认知。在阅读叙事作品时,要发现和分析其中的时间技巧,因此,读者的认知必不可少。鉴于速度技巧是各种时间技巧中被讨论最多的,我们先简要介绍一下叙事学家对该技巧的研究。贝坦斯和休姆(Baetens & Hume)提出了看待速度技巧的三个角度:第一个是产生速度的技巧;第二个是作者采用速度技巧的目的;第三个是速度技巧产生的效果。贝坦斯和休姆进一步指出,考虑到当今叙事学界的认知转向,强调速度在叙事中产生的效果比强调作者的目的更有用。

这种认识速度的认知视角在学者弗卢德尼克(Fludemik)的文章中得到了充分强调。弗卢德尼克提倡速度的认知理解。他认为,在故事层面,时间是以人们所习以为常的客观面貌出现的。然而,在话语层面,在读者阅读和审视叙

叙事学视域下的新闻翻译研究

事话语的过程中，认识时间技巧的认知视角就必然被包括其中。这种对速度的认知理解的基础不是事件出现的先后顺序，而是对叙事结构的整体把握。

事实上，对速度的认知理解也出现在热奈特的叙事学名著《叙事话语》中，但它是以比较隐蔽的形式出现的。热奈特在说明研究叙事速度的参照系时，他选择速度恒定的、没有加速也没有减速的叙事，在这样的叙事中，故事的时长和叙事的长度之间始终对应。尽管乍听起来对叙事话语中速度技巧的研究是以基本故事层面的速度为参照的，事实上，被研究的某一个部分的速度究竟是加快还是减慢，是通过与其上下文的叙事速度相比而显现出的。也就是说，某一个部分的速度特点是由读者参照其上下文的叙事速度所形成的一个标准而被认知的。因此，我们认为，在一个叙事作品中，任何使得读者觉察到速度变化的技巧都是速度技巧。那么，叙事速度技巧就应该包括由语言产生的节奏，而这种语言的节奏以往被认为是文体学研究的专利。

在发现和分析时间技巧时，读者的认知也是不可或缺的。这仍可以在热奈特的著作中找到证据。说到频率，热奈特认为，人们所说的相同的事件或同一事件的重复，实际上是一系列事件具有某些相似性，而读者只考虑其相似性。人们所说的事件的重复事实上是一种思维的建构。对时序的认识同样是基于读者的认知。读者对某一段叙事的时序的察觉主要依赖对日常事件的时序和逻辑的认识。简言之，对叙事作品中时间技巧的发觉离不开读者的认知。读者对某一段叙事中所包括的时间技巧的发现和分析，必然基于其对该段叙事的上下文所形成的时间标准，或是读者在日常生活中对时间技巧形成的认知背景。

需要认识到的是，很多学者认为的叙事技巧是以热奈特和巴尔的理论为基础的，只是对他们的理论进行了一些修订。本节要解释的是我们采用的时间技巧，重点是速度技巧。热奈特描述了四种速度技巧，即停顿、场景、总结和省略。对这四种速度技巧，他是这样解释的：这四种速度技巧的叙事形式包括处于两头的省略和描写停顿及中间的场景和总结。场景通常出现在对话中，一般认为，在场景中故事时间和叙事时间是对等的。被评论家称为"总结"的速度技巧则较为灵活，涵盖场景和省略的中间地带。

热奈特提出这四种速度技巧的同时，确实意识到在场景和停顿中间存在另外一种过渡的速度，但是他否定了这种技巧存在的必要。他是这样解释的：小说中大的场景主要是由额外的叙事成分来延长或是被描写停顿打断的，但是并不一定会减慢速度。热奈特就这样硬是把叙事作品中的叙述同描写、评论等区分开来。在这一点上，我们不太同意他的观点，因为在大多数情况下，叙述、

第六章 新闻翻译的叙事建构策略

描写和评论交织在一起、很难分开。即使设法把它们分开了，也没有多大的意义。

这里先简要介绍一下热奈特对各种速度技巧的定义。对省略的定义当然是无可争议的，所以在此略去。热奈特认为，场景更多地存在于对话之中，一般表示的是叙事和故事层面时间的对等。他对停顿的界定非常严格，在他看来，只有下述这种特殊的描写才能构成叙述停顿，即当该描写中叙述者暂时放弃了故事的进程，出于为读者提供某个信息的目的，描写一个严格说来在故事的某个点上没有人关注的场景。

对热奈特来说，只有这种远离故事的发展，使故事看似真正暂停的描写才能构成描写停顿。热奈特没有给总结做出清楚的界定，在他给出的例证中总结很少，但是他提到总结大多是在几段或几页中讲述几天、几个月甚至几年的事情，没有对行动细节或是言语进行叙述。他以 ST 表示故事时间，以 NT 表示叙事中的假时间或惯例时间，然后，以故事时间和叙事时间之间的关系为基础，用以下公式描述了上述几种速度技巧：

停顿：叙述时间 =n，故事时间 =0，所以叙述时间 ∞＞故事时间。
场景：叙述时间 = 故事时间。
总结：叙述时间＜故事时间。
省略：叙述时间 =0，故事时间 =n，所以叙述时间＜故事时间 ∞。

笔者认为，最好将四个速度技巧中的"停顿"改称为"静述"，"场景"改称为"直述"，"总结"改称为"概述"，"省略"改称为"略述"。这些命名较好地体现了叙述运动的时速模式，特别是"直述"的提法避免了热奈特将 scene 作为"对话场景"之意容易引起的与 scene 作为"场地/背景"之原意的混淆，何况热奈特"场景"实际就是对于对话（我们认为还应包括思想）的直接陈述。

热奈特的时间公式存在以下问题：

首先，如果场景（直述）的特点是故事时间和叙事话语时间的大致对等，停顿（静述）是远离人物所在处的描写（主要用于相关社会习俗的陈述或人物/景物的描绘等），那么在直述和静述之间显然存在着一个中间状态。实际上，比如在分析《追忆似水年华》中的直述时，热奈特的理论定义和实际分析存在着较大的不一致。依据他对场景（直述）的定义，海明威的电报式对话显然是最典型的话语场景（直述），不夹杂叙述、描写或评论，故事时间和叙事话语时间大致对等。但是，在对普鲁斯特小说中长达 50 页的五次聚会的叙述进行归类时，热奈特不顾这些叙述中夹杂的各种各样的旁叙、倒叙、预叙、重叙、描叙，以及叙述者说教式的介入，只是把它们称为"戏剧场景或普鲁斯特

叙事学视域下的新闻翻译研究

式的场景（直述）"。这种不一致在很大程度上归因于热奈特拒绝承认在一个理想状态的话语场景（直述）与一个纯粹的描写停顿（静述）之间存在一个中间状态。一旦否认了这个中间状态的存在，类似普鲁斯特作品中的"戏剧场景或普鲁斯特式的场景"中的描写、议论便很难归类。所以，应该明确界定这个中间状态的时间技巧。

笔者赞同巴尔在场景（直述）和停顿（静述）中间加入减慢这个过渡阶段的做法。巴尔认为，减慢可能发生在有重大悬念的时刻，以及当人物在采取行动之前头脑里呈现万千思绪的时刻。但是，颇令人不解的是，他认为这种节奏在叙事作品中很少出现，而且只是在小段的叙述中出现。

在笔者看来，减慢这种技巧绝不只是在小段的叙事作品中出现。事实上，减慢出现得非常频繁。当大段的叙述被叙述者关于人物、场景的描写，或被人物的回忆、想象等打断时，便会出现叙事的减慢。按照热奈特的定义，叙事停顿是指远离故事发生地的情景描写或评论让读者产生叙事停止的感觉，那么，只要是对事件发展过程和人物动作与心理进行陈述或评论，就会让读者感觉叙事的速度减慢。另外，时速感是一种认知行为，文字上一长串非重读音节的出现，也会让读者感觉叙述速度的减慢。所以，我们认为，在热奈特提出四种速度技巧的基础上，应该增加一个叙事速度减慢技巧，插入停顿（静述）和场景（直述）中间，并采用胡亚敏教授的提法，将其称作"扩述"。

其次，在热奈特的四种速度技巧中，总结（概述）这种技巧被视为覆盖了场景（直述）和省略（略述）之间的整个范围。可是，他并未指明总结（概述）的具体功能。总结（概述）的叙述时间小于故事时间，具有加快速度、丰富故事内容的功能，最基本的是对故事的一些部分做整体的概略叙说：介绍事件全貌，交代人物身世，甚至简叙故事最中心事件。可以看出，总结（概述）的加快是通过对人物的行为和言语的概括实现的。

加快这种技巧事实上越来越受到现代作家和叙事学家的青睐。休姆的论文《当代小说中的叙述速度》对当代小说中常见的加快叙事现象进行了深入探讨，提出了三种加快叙事技巧，即增加成分，减少期待的情节，以及采用一些反常规的情节。我们认为，从词语层面来看，使用短句，并置一些单音节的重读动词，可以使读者产生叙事加快的感觉；或者形式上是一个长句，实际上却是一个简单句，后面由许多逗号隔开的、一连串名词短语和修饰短语来叙述所发生的事，也会给人加快的感觉。

其实，加速和减速是叙事最基础的节奏，对于提高叙事的轻重缓急的节奏感有着不可或缺的作用。比如，长篇小说使用减速的多，托尔斯泰、乔伊斯等

第六章　新闻翻译的叙事建构策略

大师的作品，内容较多，需要慢慢展现，因此，叙述时间常常缓慢悠长；而短篇小说由于篇幅限制，叙述时间往往被压缩，常常需要采用略述、概述等加速处理的策略，在短短几页纸的叙述里，一个人物就走完了漫长的一生。这不是说，作家一定要在长篇中用慢速，在短篇中用快速。其实，所有作者都须对略述、概述、直述、扩述、静述等速度技巧做出巧妙处理和编排：如普鲁斯特，在《追忆逝水年华》中就以直述与略述交替的电影化节奏打破了小说的常规形式；如鲁迅，在《孔乙己》中就对静述、扩述、直述、概述、略述交互使用，使作品呈现出简繁得当、张弛有度的多样节奏；海明威的《杀人者》全篇都是对话，四个直述的转场仅仅是极简短的概述。

一般说来，写景、描人、叙述的关键处若不浓墨重彩就不能尽其之妙，因此须用静述、扩述等法，细细缓缓道来，以尽显徐缓之美；而在写景、描人、叙述的非关键处，就不宜细绘细描，或三言两语一笔带过，甚或不着一字，即用概述、略述之法控制节奏，创造一种急促之美。直述、概述、扩述、略述、静述应交错运用，使故事叙述跌宕起伏。

笔者认为叙事中的扩述技巧也是不可忽视的。这里以热奈特的时间模式为基础，添加扩述技巧，提出以下速度技巧，并给出相应的英译：

静述：叙述时间 =n，故事时间 =0，所以叙述时间 ∞＞故事时间。

扩述：叙述时间＞故事时间。

直述：叙述时间 = 故事时间。

概述：叙述时间＜故事时间。

略述：叙述时间 =0，故事时间 =n，所以时间＜故事时间 ∞。

静述中的故事时间为零，叙述时间为无限大，常常用于人物刻画、情景描绘，或社会习俗的陈述；扩述中的叙述时间大于故事时间，常常用于事件发展过程或人物行动的心路历程的详细呈现，尤为擅长对人物意识活动的描绘，缓缓道来，犹如电影中的慢镜头；直述中的叙述时间与故事时间大致相等，它被广泛运用来表现人物的行动、对话和思绪；概述中的叙述时间小于故事时间，常常用于介绍故事背景、事件全貌，或者交代人物的身世、经历；略述中的叙述时间暂停，故事时间在叙述中没有得到反映，或者某一阶段发生的事未给任何叙述，出现了故事空白。

笔者在尝试性地修改了热奈特的速度模式之后，发现不论是热奈特的四种速度模式，还是添加得出的五种速度模式，都是用基本故事作为衡量速度的标准的。由于直述被界定为基本故事和叙述话语对等的一种速度模式，即等速，因此可以说，其他的速度模式都是参照直述速度提出的。我们添加的扩述，作

叙事学视域下的新闻翻译研究

为直述和静述之间的中介，也理所当然地把直述作为衡量的标准。这就是说，包括扩述在内的叙事中，相对于人物对话/思绪的直述速度模式，脱离人物对话或思绪的扩述或静述，造成了叙述速度的减慢或停顿，即减速；而以直述速度模式为标准来衡量的概述或略述，则造成了叙述速度的加快或省略，即加速。如图6-1-1所示：

```
略述   <   概述   <   直述   <   扩述   <   静述
加速       ⇐       等速       ⇒       减速
```

图 6-1-1　叙述速度分析

在实际分析中，对某个叙事片段的速度类型的判断，更多地依赖读者对大背景的认知。热奈特提出的速度模型是以《追忆似水年华》这部小说为对象设计出来的。该小说充斥着各种重要的话语场景，热奈特以话语场景为轴心和参照来界定其他的速度模型便很自然了。

当然，在分析时若出现速度模式不能完全覆盖具体语料的情况，那么需要提高读者的认知能力加以解决。这种情况对于扩述尤为突出，因为减速所涉情况格外复杂：它不仅包括放慢速度的场景，还可以指任何相对于其上下文的速度放慢的部分。针对上述速度模式的局限性，可以运用文体学描述方法分析事件叙述中插入的描写或评论的语料。

（二）叙事学视域下小说中的时序分析

上文提到，在探讨新闻翻译中的叙事时间之前，我们有必要了解叙事学对时间的分析，本书先联系小说这一文体对叙事时序的相关内容进行分析，然后再在此基础上探究新闻翻译中叙事时间的转换。

被传统小说家奉为圭臬的时序在现代叙事小说中的地位已大大降低。对许多现代小说家而言，传统的时间顺序被视为虚假的东西，因为现实中的事件如此复杂，绝不像现实主义小说中描述的那样以时间顺序发展。在快速发展的现代社会中，作家愈发紧迫地感到对世界的理解只有靠技巧的创新才能实现。毫无疑问，他们的作品反映出作家对这一时期固有的看法。20世纪初以来风行的意识流技巧给传统的时序叙述带来了致命的冲击，更不用提先锋派小说对传统的时序造成的冲击了。在提倡对绝对的、真实的现实进行艺术表现的同时，这些艺术家从外部现实转入了人物的内心世界。

对其他的现代作家，尤其是女性作家而言，传统的时序叙事附有意识形态的含义，因为它是父系社会的产物，这些女性作家致力于创造一种新的叙事顺序。斯泰因是这一时期女性作家的代表，她在改变传统叙事顺序方面做了很多创新性的尝试。她发现，传统叙事的顺序总是走向女性死亡或是婚姻。多恩指出，传统的开头、中间、结局的叙事结构不断提醒人们与时间之间的关系。传统情节的逻辑结局必定要求女性死亡。斯泰因为了反抗这种敌视女性、以女性死亡为结局的传统叙事结构，创造性地采用了开始再开始的叙事结构。这个开始再开始的叙事结构反映了斯泰因对人类，尤其对女性身份的不懈追求，她最终意识到真理或者确定性只存在于不断的追求之中。

她的开始再开始的叙事结构将会不断地被运用，存在下去的理由永远不可能被理解，也不可能在叙事中被清楚地追溯。斯泰因对确定身份的执着追求，在现代文学创作中颇具典型性。

但是，本书并不认同一些人所说的现代叙事中的时序完全陷入混乱、随意倒退和前进的说法。少数意识流的名作可能会给初读者那样的感觉，其中最有名的是乔伊斯的《尤利西斯》。大多数现代小说家并不是彻底放弃基本故事层面的时序，而是对时序进行了各种各样的处理。如果没有自然故事层面的时序作为标准或背景，也就没有时序的扭曲。

时序的扭曲可以是大规模的，也可以是小规模的，甚至在一个句子中也可能会有时序扭曲。

原文: Sometimes passing in front of the hotel he remembered the rainy days when he used to bring his nursemaid that far, on a pilgrimage.

译文: 有时候路过旅馆，他会想起那些下雨日子里，常常带着他的女仆去朝圣，走到那么远。

在分析这句所叙之事的时序时，热奈特把现在标为位置2，把过去标为位置1，由此，他把该句分为两个部分。

从该句开头到"remembered"是第一部分，以A来表示；剩下的为第二部分，以B来表示。因此，他把该句的时序标示为A2-B1。也就是说，按照常规，A段叙述的是现在的情况，B段叙述的是该人物过去的行为。而在该句中，现在的情况被置于过去的行为之前，这便是倒叙。热奈特用这个句子说明，即使是在一个句子所叙述的事情中也可以存在时序的倒错。

但是，在讨论时间结构时，人们通常忽略那些时不时会出现的小规模时序倒错，而主要关注更大规模的、受主题驱动的时序倒错，如热奈特提取的《追忆似水年华》中的整个时间模式。不过，我们的分析与热奈特不尽相同，因为描述叙事作品中的时间结构并不是最终目的，对时间模式的描写和分析最终都是为解释该叙事作品服务的。

需要认识到，时间扭曲绝不是现代小说家新发明的技巧，只是被现代小说家更为大胆地应用。与传统叙事小说相比，现代小说中的时间扭曲与主题和作家的世界观之间的关系更为紧密。这使得时间扭曲被赋予更多的意义，也更复杂。在大多数情况下，对时间扭曲的描写和解释，必须辅以对相关文体技巧的分析，才更加完整、更有说服力。如上文所述，当宏观的叙事结构（这里指宏观上的时间安排）被前景化时，通常伴随有突出的文体特征。现代作家为了表达他们对现代社会的深刻理解，常常创造性地运用各种技巧，包括叙事技巧和文体技巧。

以《追忆似水年华》为研究对象，热奈特区分出三种时间倒错，即倒叙、前叙和无时序。倒叙是从现在回到过去的时序倒错，它唤起的是现在之前的一个或几个事件，即一系列事件的时序叙述被打断，让步于倒叙。热奈特把这种时序倒错叫作倒叙，即传统叙事理论中的闪回。

与倒叙相反，前叙指的是从现在向未来前进的时序倒错，唤起的是现在之后的事件，即一系列事件的叙述时序被打断，让步于前叙。

这种时序倒错最常见的英文名字是"flash-forward"（闪前），被热奈特叫作前叙。这两种叙述时序被传统的叙事理论家讨论得很多。热奈特提出的另外一种时序倒错是无时序，用来描述《追忆似水年华》中的时序倒错现象。无时序指的是一个被剥夺了与其他事件的关系的事件，即无时间的事件。

尽管无时序在一些叙事作品中着实存在，但是我们基本不考虑这种时序倒错现象，因为在我们的叙述文体学框架中，分析的是相对集中的，而且是主题驱动的叙事技巧。通常很难在叙事作品中定位无时序，而且以无时序形式存在的事件片段对主题或是其他故事要素的影响相对较小。

接下来比较倒叙和前叙这两种时序倒错现象，以此说明后文重点讨论前者的原因。按字面来说，倒叙和前叙似乎是指两个相反方向的时序倒错。但如果我们仔细比较这两种时序技巧，就会发现事实并非如此。倒叙的基本功能是填补先前叙事中过去情节的空缺。对过去的这种补叙可以由一个故事之外的叙述者来完成。但是，如果人物长篇或反复地讲述与他/她本人有关的过去，这种倒叙常常表明过去对该人物有很大的影响。如果人物讲述的过去是一种美好的回忆，频繁的或大篇幅的倒叙常常表明人物对过去的留恋和对现实的不满。然而，如果对过去的回忆是令人不悦的，频繁的或长篇的倒叙则很可能凸显过去给该人物造成的创伤是持久的，无法抹平的。无论如何，过去对人物的生活产

第六章 新闻翻译的叙事建构策略

生了很大影响。

然而,热奈特的前叙却是另一番情景。与其说前叙与时间扭曲有关,倒不如说其与视角(包括叙述声音和聚焦)有更密切的关系。简单地说,前叙就是在讲述故事正文之前提前交代故事的结局和人物后来的生活。前叙可以由一个传统的全知叙述者来完成,也可以由第一人称叙述者讲述。前叙使读者不再好奇故事的结局,而且可以引起读者猜测,故事到底有个什么结局。不过,如果换一个角度来看,前叙这种说法又似乎不对。这种所谓的未来状态,在叙述者讲述故事之前已经发生了,否则叙述者便无法讲述。所以,如果把叙述者讲述这个未来状态的时间当作出发点,那么这个所谓的未来状态与倒叙的过去并无二致。它之所以叫作"前叙",是因为它比引向这个结局的故事过程要晚,也就是比在其后讲述的故事正文在时间上靠后。不仅前叙的部分相对于叙述时间是倒叙,前叙之后必然是交代故事过程的倒叙。事实上,大多数读者应该都会有这样的感受,即在阅读一个带前叙的叙事时,经常会把前叙部分交代的情况作为出发点,然后会在好奇心的驱使下去发现导致该种结局的原因,即过去发生的事件。在日常生活中听故事时,如果讲故事的人提前告诉故事的结局,人们经常会提出"为什么""怎么会这样"之类的问题。这个"为什么""怎么会这样"便是故事叙述者接下来要通过倒叙的方式交代清楚的内容。热奈特认为,叙事的各个不同时空之间的关系是很灵活的,每一个时间倒错,相对于其被插入的叙事,都构成了在叙事语法意义上对第一层叙事的时间的从属。因此,可以把作为参照标准的叙事时间称作第一层叙事,时间倒错部分相对于其内部插入的叙事也可以被视作第一层叙事。这个部分的意思即叙事中的所谓第一层叙事是一个相对的概念,而不是一个绝对的概念。把一个叙事片段看作倒叙还是前叙,主要取决于读者所取的参照点。前叙是相对于其后叙述的故事主体而言的,所以读者自然可以把它当作展开故事的出发点。那么,其后的部分便是交代故事过程的大篇幅倒叙。

这里有必要重申本书中的一个重要原则,即对某种技巧的选择或命名更多依赖的是该部分相对于其邻近部分形成的大背景,而不是对基本故事层的关系的认知。在绝大多数情况下,前叙的部分比其后的倒叙部分要短得多。在很多叙事作品中,前叙只是对故事结局的简要提及,而该叙事作品更大篇幅的部分则可能都是对过去的讲述,并最终衔接上在故事开头处交代的故事结局。由此看来,倒叙与前叙并没有很大的不同,因为两者讲的都是过去的情况对人物的思想及后来的生活产生的影响。故本部分集中分析时间顺序时,主要讨论倒叙技巧，而不再专门讨论前叙，因为前叙主要表示的是叙述者或聚焦者能够在故事展开之前了解并且交代故事结局的特权，且其时序特点通常与人物刻画和主题表现并没有很大关系。

我们以《八月之光》中的五段话为例进行叙述文体学对时间结构、倒叙的分析。从福克纳的著名长篇小说《八月之光》中的一段时间倒错，可以例示叙述文体学对时间技巧的分析。这部分语料不仅包括时序倒错和相关的文体技巧，还包括对速度和时长的特别安排，因此很有意义。

小说中几个比较重要的人物包括：布朗——莉娜孩子的父亲；拜伦——莉娜后来的情人；海托华——一个沉浸于祖父在内战中的丰功伟绩的隐居牧师；海因斯——乔的外祖父，一个种族主义者，一个自称为忠实的天主教徒、以上帝的名义进行种族主义歧视的人；乔安娜——乔的情人（她受父亲的影响，认为黑人是白人的诅咒、十字架形状的黑影，而她要想站起来就必须同时把黑影抬起来，但却绝不能把黑影抬到与自己同等的高度）；麦克依钦——乔的养父，一个狂热的天主教徒。

给出上述这个人物列表并不难，但是要想把各个人物的故事连缀成一个线性的整体就不是那么容易了。从一个叙事作品中恢复出一个完整的故事，并且把它复述出来，离不开读者的主观判断。时间的跳跃与交织是《八月之光》这部小说很有特色的写作手法。作者大量运用了预叙、闪回、跳跃、更替、时间流逝等手段，使得在十多天内发生的故事可以追溯到人物的一生，甚至其父辈祖辈的三代家史。在分析《八月之光》中的故事情节时，必须选择重要的或核心的事件。这个选择重要故事情节的过程本身可能会被解构主义者批评为主观的、受解释目的驱动的，而且在讲述其中包含的故事时，必定会运用一些逻辑联系词，把这些原本零碎的情节连缀成一个完整的故事。所以，即使人们为了尽量保持客观，把各个情节之间的逻辑联系降到最低，仍然不可避免地把这些情节以线性顺序串联起来。而要想梳理清楚叙事之中纠缠错节的人物和事件关系，剥去复杂的技巧（包括叙事技巧和文体技巧）的外衣，还是要诉诸人们的主观理解。除此之外，人际关系常常隐含在人物的言语、思想和行动之中，要想整理清楚并复述出来也不可避免地会掺杂进读者的主观判断、感情和意识形态的立场。在这些情况下，读者共有的叙述能力非常必要，因为这种叙述能力可以保证读者从同一个叙事作品中复述出的故事不会相差太大。

在从一部小说中复述出基本故事的过程中，应该尽量避免主观猜测。只要能够克制住主观填补叙事空缺和在事件之间增加逻辑联系的冲动，人们在日常

第六章　新闻翻译的叙事建构策略

生活中获得的叙事能力能够保证不同的读者能从一部叙事作品中获得大致相同的基本故事。应特别提醒的是，当叙事作品中作者叙述者或人物叙述者刻意跳过某些重要叙事情节时，这样的叙述空缺在大多数情况下与主题表现和人物刻画有关。

在复述《八月之光》中的基本故事时，最好保留两个突出的叙事空缺，即乔的真实身份和乔安娜的谋杀者，因为这两个叙事空缺在该小说中占据非常重要的位置，故事中的很多情节都是围绕着这两个悬念展开的。简单地说，这两个叙事悬念给了故事中的人物——主要是杰弗生镇的居民个发表意见的机会。而在他们对这两件事情施展想象力和做出评价的过程中，人物也暴露出他们的个性特征。如果读者用自己的想象力和判断力，把这两个叙事空缺填补上，那么作者要借这个叙事空缺以及其对人物的各种猜测所表达的诸多深层含义便失去了意义。下面本书复述该小说中的基本故事时，就保留了这两个重要的叙事空缺。当人们需要提到这两个情节以引出其后发生的事件时，应尽量交代清楚这是某些人物的说法，并没有得到叙述者或是作者的肯定。

在小说主人公乔出生之前，他的生父就被他外祖父海因斯开枪射杀，因为海因斯听说他有黑人血统。海因斯是一个狂热、冷血的天主教徒。乔的母亲死于难产，主要是因为海因斯不愿意为她叫医生。乔出生没多久，海因斯就把他偷偷地扔在孤儿院门口。当时是圣诞节，所以发现他的孤儿院工作人员就给他起名为克里斯默斯（Christmas）。几乎同时，海因斯在孤儿院找了个工作，以便监视乔的一举一动，并且告诉孤儿院的其他孩子乔是个黑鬼。五岁时，乔因为溜进营养师的房间偷吃一口牙膏，意外地撞见了营养师与别人偷情。营养师唯恐乔会将之报告给孤儿院的负责人，想方设法把他赶出了孤儿院。他被麦克依钦收养，称他为"乔"。在养父母家，乔度过了十三年的时光。之后，他逃离了他生活了十几年的地方，四处漂泊。三十岁那年，他到了杰弗生镇，和镇上一个名叫乔安娜的同居。乔安娜成长的环境很特别，她的父亲曾教育她说，黑人因为犯下的罪过，会永远受到诅咒。白人若想站起来，就必须同时把阴影抬起来。但是，绝不能把阴影抬到与白人同等的高度。乔安娜在日后的生活中，忠实地履行着这个原则。她和周围的黑人和睦相处，并且给黑人回信，为他们提供建议。对于自己与黑人关系的认识，也体现在她与乔的关系中。乔安娜把与乔的同居看作她甚至是整个白人种族的完全堕落。尽管她与乔的爱情总是很奇怪的，甚至是畸形的，他们之间关系的彻底破裂是在三年之后。

相比于乔，小说中的另一位主人公——莉娜的故事简单得多。莉娜出现在小说的开头，那时候她在去往杰弗生镇寻找孩子的生父布朗的路上。她到达杰弗生镇后，很失望地发现她男人根本不在那儿工作。但她在那个男人所说的工厂里遇见了拜伦。当孩子的生父布朗为了赏金向镇长告发了乔，并且抛弃她和孩子时，拜伦却担起了照顾她和孩子的责任。在小说的结尾处，莉娜目睹了疯狂的私刑之后，与拜伦一起带着孩子离开了小镇。

在乔和莉娜这两个主人公的故事中穿插着其他人物（包括拜伦、布朗、乔安娜、海托华）的故事。考虑到海托华在小说中的故事内容和叙事形式上都占有比较重要的位置，此处单独介绍一下海托华。之所以说海托华对于故事的内容很重要，是因为他在故事中起着联系几个人物的作用，并且他与主人公乔有很多相似之处。年轻的时候，他到杰弗生镇，立志要做一名尽职的牧师。但是他对教民们布道时总是疯狂地大吹其祖父在内战中的战绩。更糟糕的是，他的妻子被小镇的人发现经常神秘地外出，然后发了疯，死掉了。之后，海托华被小镇上的人赶出了教堂。人们还想出各种办法把他赶出小镇，但是海托华顶住镇上人的种种威胁和恐吓而坚持了下来。除了拜伦之外，他与小镇上的人几乎都没有任何交往。因此，人们称他为"活死人"一点都不夸张。但是在过了几十年与世隔绝的日子之后，海托华又被重新拉入现实生活。正如许多批评家们指出的那样，在该小说中，海托华扮演着很重要的叙事角色，即受述者。小说中一个突出的叙事技巧是借拜伦之口讲述故事，而海托华则是他唯一的听众。对于海托华来说，拜伦是他了解小镇发生的各种事情的唯一渠道。更重要的是，拜伦让他帮助莉娜接生，这样做，把他重新拉回到现实生活中。不仅如此，当拜伦把乔的故事讲给他听时，他不禁对乔产生了同情，并且为乔的命运担忧。在小说临近结尾处，乔被种族主义者追杀，躲进海托华的屋子时，海托华直面那些种族主义者，勇敢地告诉他们，乔安娜被杀的时候乔是与他在一起的。尽管乔最终还是被种族主义者杀死了，但海托华勇敢地保护乔的行为显示出他已经积极地投身到现实生活中。

下面我们按照上述所说的三个步骤对小说中的时序倒错进行叙述文体学分析，以便读者可以清楚地了解本研究的分析步骤和方法，并把这种方法运用于对其他叙事作品的分析中。不过，要强调的一点是，采取这个"三步走"的分析步骤，并不代表读者都应该以同样的顺序发现叙事中的叙事技巧和文体技巧。在大多数情况下，人们很难确定读者会先发现前景化的叙事技巧还是前景化的文体技巧。大多数读者可能会首先注意到突出的文体技巧。但是，在上述语料中，从分析大规模的倒叙开始，可以为随后的文体特征分析奠定基础，使得读者对相关技巧的理解更加全面和深入。所以，应该从分析叙事技巧——倒叙出发，进而分析微观的、细致的文体特征。而对后者的分析，可以支撑和补充对前者的分析。

对一种时间扭曲现象的讨论通常也会连带着对其他时间扭曲的讨论，我们在分析倒叙时也经常会连带着对非常规叙事速度的分析。对小说中的大多数主人公（包括莉娜、乔、乔安娜和海托华）来说，他们的过去或是他们家族的过去都在他们出现之后就被以这样或那样的方式介绍出来。在这些人物当中，乔、乔安娜和海托华的过去最为突出。

在介绍这些人物的过去的时候，叙述者用了各种不同的方式。莉娜的过去是最简单的，也是最不起眼的。几乎是紧接在莉娜出现之后，叙述者很快地交代了她的过去。对莉娜过去的讲述仅仅占了六段的篇幅。乔安娜的过去基本是由她自己讲述的，出现在她与乔的对话中，叙述者和小镇上的人也对她的过去偶有提及。海托华对祖父在内战中伟绩的回忆扎根在他的意识之中，主要是在他布道的时候脱口而出的。这些他到杰弗生镇的经历多是由小镇的人告诉拜伦的。与讲述这些人物的过去的方式不同，乔的过去被以一种特殊的方式叙述出来。表面上，他的过去似乎是由叙述者讲述的，但是实际上担任其过去的叙述者角色的是另外一个中介，后文的文体技巧分析将会清楚地揭示这一点。

总的来说，除了对莉娜的过去的简要介绍，对乔安娜和海托华的过去的讲述都是比较零碎的，而乔的过去却从第六章一直延续到第十章结束。从对乔到达杰弗生镇之后的一些行为举止描写一番之后开始倒叙乔过去三十年的经历，一直发展到乔到达杰弗生镇。对于这三十年的经历，乔离开养父母家之后的十五年讲述得很简单，只用了五段话，可以标示乔的过去在整篇小说中所占的分量，以对乔的过去有个更清楚的认识。小说共有二十一章，其中五章用来讲述乔到达杰弗生镇之前的经历，而对另一位主人公莉娜的过去的讲述只用了六段，占第一章的很小一部分。

莉娜的过去只是对她来杰弗生镇寻找她孩子的父亲的行为的解释。换句话说，对莉娜过去的总结性叙事，强调的只是能够解释莉娜目前的困境和潜在的解决办法的细节；而这些细节此后再也没有在叙述者的话语中，或是在莉娜的回忆中，或是在其他任何方式中提起过。对莉娜过去的讲述使我们看到，莉娜过去的日子确实很贫穷，生活也确实单调乏味，但是她所经历的主要是物质的贫乏，并没有受到很多精神上的折磨。她比乔要幸运得多：在12岁之前，她都有父母的照顾；12岁时父母过世后，哥哥把她接到家里一起过日子。可以说，莉娜从没有受过乔所遭受的精神折磨。尽管过去不是特别快乐，着实平淡无奇，却并未给莉娜造成太多的精神创伤。所以，当她离开哥哥的家之后，她能够很快忘记过去，在新的地方开始新的生活。甚至当她千里迢迢寻找的孩子父亲抛弃了她和孩子时，她也并没有垮掉，而是能够继续平静地生活。这也是为什么叙述者只是简简单单地讲述她的过去，而对乔的过去却用了那么大的篇幅。

一些学者认为，莉娜和乔在杰弗生镇的不同生活可以用他们的不同个性和生活态度来解释。具体地说，他们认为莉娜能够忍受生活的苦难，而乔却不能够与世界和他周围的人，特别是与他自己调和。这种说法乍听起来是有道理的。但是，我们要指出的是，乔和莉娜之所以会有迥然不同的生活方式，与其说是他们的天生性格使然，倒不如说是因为他们后天的性格。这两种说法看起来很相似，其实有很大的不同。后天的性格是由多种因素（包括各种外界因素）造成的。

对乔的过去的讲述，说明乔不是天性邪恶、仇恨和暴力的。造成乔现在这样的，主要是早年给他造成巨大不幸的那些人，而不是他天生的个性。

叙述者反复提到，与莉娜简简单单的过去不同，乔早年受到的虐待对于小小年纪的他来说都是不可理解的。营养师想尽办法把乔赶出孤儿院，因为她居然蠢到相信一个五岁的孩子不仅能够从所听到的东西中推断出她偷情，而且会像成年人一样去告诉别人。事实上，在营养师偷情的那会儿，乔满脑子想的都是他偷吃的那口牙膏，根本不明白那一男一女究竟在做什么。无论如何，这个不幸，就像前五年所发生的其他事情一样，都超出了他的理解能力。

对这个灾难，他相信自己是一个犯了罪的人，现在在受到一个推迟的惩罚的折磨时，他故意出现在她面前，为了结束这件事，得到他应该挨的一顿抽，心里也就平衡了。当他被海因斯偷偷地带出了孤儿院时，他虽然不明白眼前发生的一切究竟是什么，却乖乖地听从海因斯的吩咐。叙述者不断地说着，如果这个孩子能再大一些，他也许就会这样想……如果他有更多的词汇，在这个年纪，他也许会这样想……还有，如果他再大一些，他可能会这样说……

这些都表明，所有发生在乔身上的事情都不是他所能掌控和理解的。他所能做的只是被动地接受命运和身边的人对他的安排。早年不幸的经历对乔来说是破坏性的，它们塑造了乔的性格，并且使他相信生活本应如此。营养师和孩子们说他是个黑鬼，这在他脑海中打下了烙印，使得他相信"黑鬼"就是自己的身份。因为他生命的最初五年是在孤儿院中度过的，孤儿院营养师的所作所为塑造了他对女性的理解。结果，非常不幸的是，早些年这些虐待他、给他造成巨大不幸的人们决定了他对自己的身份、对别人、对社会的理解方式。如图6-1-2所示，主要标出了对各个人物的过去讲述相对集中的部分。

第六章 新闻翻译的叙事建构策略

莉娜的过去：pp5—7 = 3 页

海托华的过去：pp45—58 = 14 页

乔安娜的过去：pp181—191 = 10 页

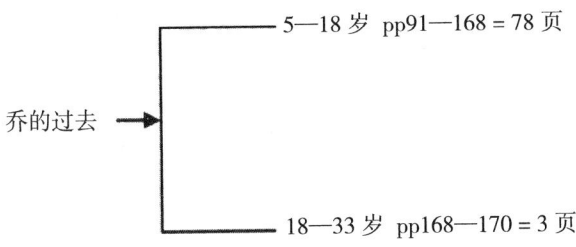

图 6-1-2　呈现《八月之光》中对人物过去讲述相对集中的部分

图 6-1-2 清楚地说明，对乔离开养父母家之前的 18 年的生活，叙述者用了 78 页的篇幅，约是乔安娜的过去所占篇幅的 8 倍，是莉娜的过去所占篇幅的 26 倍，是乔在离开养父母家之后的 15 年生活所占篇幅的 26 倍。对于叙事中情节所占的篇幅与主题意义之间的关系，人们通常认为，由于艺术的选择性，一个叙事成分所占的篇幅与该成分在整篇叙事中的美学相关性和中心性之间有着逻辑联系。因此，我们认为，叙事成分所占的篇幅与该成分在整部作品中的意义之间有大致的对应关系。根据上述对各个人物的过去叙述部分所占篇幅的对比，我们可以得出这样的结论：乔最初 18 年的生活比其他人的过去在整篇作品中更有分量，比他之后的 15 年生活与主题的关系更密切。叙述者之所以用这么大的篇幅讲述他的过去，就是为了凸显他的过去经历与现实生活之间的密切联系。小说清楚地告诉人们，过去对乔的影响是如此之大，以至于他无论怎样努力，都无法摆脱过去。福克纳在受访时反复强调：过去从不会真正过去，过去存在于现在之中。

不仅乔的过去所占的篇幅与其他人物的过去所占的篇幅之间有巨大差异，乔各个阶段的讲述所占的篇幅与其他人物各个阶段的讲述所占的篇幅也相差很大。他的前 18 年和后 15 年的讲述所占篇幅之间形成鲜明对比，说明前者对他一生产生的影响比后者要大得多。可以说，乔的个性是他生命的前 18 年经历塑造的。他出生没几天就被外祖父扔在孤儿院里，十分孤独，受到各种羞辱和虐待，这些经历使他失去了仁爱和被爱的能力和勇气。早年遭遇的不幸使他相信那就是人与人相处的方式，至少是周围的人与他相处的方式。对于他来说，不幸和虐待是生活的常态,他容易接受它和理解它。所以,当养母为他洗脚时,他无法相信世界上还会有这样的好事,而且还居然发生在自己身上!

乔的个性,以及他对周围人和世界的理解,可以追溯到他前18年的经历。很小的时候他就被海因斯和孤儿院的孩子嘲笑为黑人,之后一直生活在白人种族和黑人血统的冲突之中。这种身心分离伴随了他的一生,并让他最终惨死在种族主义者手中。他一直处于身心分裂的状态,无法成为一个完整的人。

这种身心的分裂,使他始终无法保持内心的平静,因为他身体中的这两个部分总是在彼此斗争。他在白人居住区与黑人居住区之间的街上疯狂地奔跑,那一幕最形象地体现出他悬在两个世界之间,却不属于任何一个世界的痛苦。

即使到一个新的地方,他也会告诉那里的人们他有黑人血统。但是,当乔安娜——这个他在杰弗生镇同居的女人追问他从哪里得知他的父母中有一个有黑人血统时,他说自己不知道。乔关于他父母的回答都不确定。他自己也无法弄清楚究竟是自己的父亲还是母亲真的有黑人血统。但是,无论如何,因为他的记忆里别人一直说自己是个黑人,他接受了这个事实。

那些叫他"黑鬼"的人们都已经转变成了各种各样的没有形体的声音,时刻萦绕在他的耳畔。叙述者常常说乔总是听到各种噪声。在听到这些声音之后没多久,他又感觉到这间小屋里充满了各种各样的声音,使他无法忍受。这里可以借用福克纳的另一部代表作的名字来描述乔·克里斯默斯的内心世界,即他的内心总是充满了"喧哗与骚动"。各种各样的声音,加上他身体内发生冲突的两种声音,使他永远不可能获得所渴望的平静生活。

在他溜进营养师的房间偷吃一口牙膏而被偷情的营养师抓到以后,营养师的敌视和让他捉摸不透的诱哄对他日后与女性的相处产生了致命的影响。早年的这个经历对他的性格和女性观产生的影响在他后来与女性的相处中展现得非常清楚。那个莫名其妙的敌视他、威胁他、诱哄他的女营养师在他心里同女人画上了等号。因此,到了养父母家,养母试着照顾他时,他无法相信世界上有这样的好事,后来还故意拒绝养母的好意,因为养母的所作所为与他对女人、对生活的理解产生了冲突,违背了他一贯的生活原则。营养师的所作所为对他日后与女人相处产生的影响是毁灭性的。即使在杰弗生镇与乔安娜同居了三年,他们之间的关系也是近乎病态,不能被称为真正的爱情。所以,无论是那个离开养父母家后在外漂泊15年的乔,还是杰弗生镇的人们看见的那个乔,都是在前18年被塑造成的。

上述对比分析的是不同人物的过去以及乔的不同阶段,主要是他的前18年和后15年所占的不同篇幅,即热奈特所说的"时长"或巴尔所说的"速度"。

第六章　新闻翻译的叙事建构策略

我们更倾向于用"速度"这个术语，因为"速度"在当今的叙事学界应用得更普遍，也更容易理解。

接下来再分析这些倒叙部分的时序特征，即这些倒叙部分在文中出现的位置，与上下文之间的关系，以及其如此安排的意义。就倒叙乔的过去的部分与其上下文的关系而言，集中讲述乔的过去的五个章节紧接在乔出现在杰弗生镇，叙述者描述了他那冷漠甚至敌视的表情及疯狂的举动之后，这个倒叙便被前景化了。这种结构安排表示乔的过去至少可以部分解释前文描写的他那怪异和暴力的举动。弗赖迪认为，到第四章为止，布朗已经成功地让整个小镇人相信乔是个黑鬼和杀人犯的事实。接下来的一系列倒叙似乎默许、承认这是对上述行为的阐释。用这些倒叙手法，叙事把倒叙视作一系列在现在达到高潮的事件。与对莉娜过去的讲述不同，莉娜的过去紧接在她出现之后，而乔的过去却一直推迟到读者看到他的疯狂举动之后——更重要的，是在布朗公开地宣布他的黑人身份之后。

我们再来看看莉娜的过去有什么样的特点，然后通过对比，更好地理解乔的过去在叙事学安排和文体学安排上的突出特点，以及其与乔的塑造和主题表现之间的关系。

莉娜的过去出现在她的故事的开头部分。对她离开家乡之前的经历的讲述成为她离家寻找孩子父亲的序曲和背景。这也是传统的讲故事过程中必定要交代的时间、地点、人物、事件等几个要素。叙述者对莉娜的过去的讲述非常简单，仅仅给出了她的一些基本信息。从这部分倒叙中人们得知，莉娜——这个与哥哥一家住在阿拉巴马的穷女孩被哥嫂发现未婚先孕，于是离开家到情人留给她的地址去找他。对她的过去的讲述只是对事实的简单记录，平平淡淡，并不会激起太强烈的情感反应，甚至在她 12 岁那年她的父母相继过世的情节也讲得非常平淡，就像陈述一个人们共知的事实。

与对莉娜的过去讲述的方式不同，对生活在过去的阴影中的三个人物——乔、海托华和乔安娜的讲述，叙述者都是从他们的现在讲起的，继而倒回到他们的过去，然后进一步倒回到他们的父辈，甚至祖父辈的经历。这样叙述出来的厚重的过去与对莉娜那平淡、随意介绍的过去形成了鲜明对比。对乔、海托华和乔安娜这三个人物过去的详尽的讲述说明：他们现在个性的形成源于他们早年的经历。他们悲惨的生活和对他人病态的理解与相处显示了过去的遭遇对于塑造他们的性格、世界观和人生观的极大影响。在把这些与莉娜那种时时微笑、时时感恩的生活态度和她由此获得的内心平静进行对比时，读者能更深刻地体会到三个人物的过去对他们后期生活和个性的毁灭性影响。在这三个人物当中，就所占篇幅和叙述方式而言，乔的过去最为突出。读过乔的经历，看到乔由过去的遭遇所掌控的一生，我们发现，海托华和乔安娜的一生就像是乔一生的缩影。叙述者在对这三个人物故事的讲述中，无一例外地追溯了他们的过去，表示三个人物都无法摆脱过去的影响和控制。在这里，倒叙的运用生动地反映了作品的一个主题，即人物的过去构成了他们现在生活的大部分。

要充分认识对乔的过去的讲述部分的特点，还要提到读者认知所起的作用。倒叙在大多数故事中都存在，很多叙事作品都是从现在讲起的，继而追溯过去，然后再回到现实，这是讲故事很常见的模式。但是在《八月之光》中，对各个人物过去的讲述部分的认知可以帮助读者认识到乔的过去十分重要，因为他与莉娜的过去，无论在篇幅上，还是在位置上，或在讲述方式上，都形成了鲜明的对比，并且与另外两个同样受过去控制的人物非常相似。

到此，本书分析了小说中对莉娜、乔、海托华和乔安娜的过去的倒叙，特别是对乔的过去的倒叙。乔的过去这一部分不仅在时序上突出，所占的位置也很突出，而且它的速度也与上下文其他部分的速度形成了鲜明对比。这些分析的是叙事学意义上的时间特点，即时序和速度。叙事学对于叙述各个人物的过去部分的分析，解释了各个倒叙部分在时间安排上的不同表现，尤其是对各个人物的过去采取不同的叙述策略的原因和主题意义。

（三）叙事学视域下的几种速度模式

以上综述了几种速度模式，主要是略述、概述、直述、扩述和静述五种。下面笔者详细介绍这五种速度模式。略述是叙事小说中几乎不可或缺的一种速度模式，因为所有的叙事都是选择性的，所以在很多叙事作品中，人物一生中的不重要的时刻可能就被跳过，而那些关键的时刻则被凸显出来。这种对次要情节的略述是叙事中经常见到的现象，与主题关系不大。但是如果被省略的部分是重要情节的话，这就很可能是作者为了表达主题有意而为之了。这种省略很值得注意，可以结合相关文体特征对其进行分析。概述是作者对事件的简要介绍，所以通常情况下可以通过对其使用的形容词、副词和名词的文体分析揭示作者对所述事件的态度。略述与概述属于加速，既可以运用休姆区分的三种加速技巧，即增加成分、减少期待情节以及安排一些非现实的动作，也可以通过语言选择达到叙事加速的效果，比如安排无主语句，都会让读者感觉到叙事速度加快。我国学者申丹指出，当研究叙述节奏时，也应该注意语言的节奏。直述指的是直接陈述人物的对话或思绪，一般可以用话语文体学的方法进行分析。扩述比直述常见得多，因为叙述中常常会穿插描写、评论和闪回。这里的描写，指的是对人物和所述行为发生地的场景的描写，所以它与静述中的描写不同。对人物和场景的描写可以用前文介绍过的叙述文体学综合分析的方法进行分析。除了这些穿插的描写和评论之外，一连串多音节词、长句或嵌套句也可以让读者感觉到某个情节的速度相对于其上下文放慢了。与略述相反，静述中故事时间暂停，叙述充分展开。

静述可以出现在故事开始前介绍社会风貌或地理人情，也可以用于人物的肖像描写或物件的细致观察，还可以是叙述者长篇大论。与扩述中的零星评论不同，造成叙事停顿的评论是叙述者冗长的、说教式的评论。常用这种叙事停顿的代表作家首推亨利·菲尔丁。

如前所述，这些速度类型和它们相关的文体特征是有限的，但是一旦它们与某个叙事相关时，对它们的分析可以揭示出深层的主题意义。在实际识别和分析某个叙事片段的速度类型时，读者对于叙事中的速度认知非常关键。对某叙事片段的速度认知在很大程度上取决于该片段与上下文叙事形成的速度背景之间的关系。

（四）新闻翻译中叙事时间的转换

结合上文的分析，可以发现叙事的时间性特点要求叙述者在阐释事件时遵循"正确"的叙事顺序进行合理的叙事。总之，叙事元素总是按照一定的顺序排列的，方便在叙事语言之间架起一座桥梁。另外，英汉两种语言在句子结构上存在着很大的差异：英语句子以主谓结构为主体，以其他成分为分支，补充、解释和修改主要内容；汉语句子的表达往往是习惯遵循一定的时间或逻辑顺序层层解释，其句子结构是线性的。两者句子结构的差异决定了译者有必要调整叙事时间。

例文：A lone bomber blew himself up amid a group of lawyers that had gathered at the main government hospital to protest against the assassination earlier in the day of Bilal Anwar Kasi, president of the bar association in Baluchistan.

译文：一群律师聚集在政府医院外，抗议俾路支省律师协会主席比拉尔·安瓦尔·卡西当天早些时候被暗杀。一名孤狼自杀式炸弹手在抗议者中引爆了炸弹。

分析：这个例子摘自一篇关于巴基斯坦一家城市医院发生自杀式炸弹袭击的新闻报道。句子表达结构是首先概述新闻事件的结果，然后详细描述事件的原因和后果，这与汉语的句子表达习惯大不相同。所以，在中文翻译中，译者在把握准确性原则的前提下，应根据叙事元素的关联特征和事件的时间顺序，对于叙事元素的排列进行重新调整。

改变叙事时间，不仅可以帮助目的语读者清晰地梳理新闻事件的发生，而且可以促使新闻叙事的关联性得到增强，将新闻文本的可读性和可接受性有效提高。

叙事时间的转换对于目的语读者在头脑中建立更清晰的叙事环境来说是十分有利的，使其能够更好地把握新闻事件的发展。

二、叙事视角

根据热奈特提出的"视角"和"聚焦"概念，叙事视角被定义为叙事主体在文本表达时的眼光、角度。

（一）视角的概念分析

我们在具体分析过程中，须考虑视角的两种类型，即声音和聚焦。区分这两种视角对于分析现代叙事作品尤其必要，因为现代叙事作品中通常包含多种叙述声音和聚焦的转换。

严格来讲，作者的视角并不是视角技巧关注的对象，因为只是在比喻意义上才说作者是从某一个角度观察一个故事的。作者的视角事实上是对所述对象所持的态度；这种态度本身并不是直接表现出来的，而是通过叙事作品中的技巧表现出来的。分析出作者的视角，是为了更生动地展示作者在把一个基本故事转变为一篇叙事话语时所采用的某个具体的叙述角度。也就是说，不同的作者观察和认识事物的视角不同，很可能把一篇相似的基本故事转变成完全不同的叙事话语。在具体分析叙事作品时，不再用"作者的视角"的说法，而是用"作者的世界观"或是"作者对世界和人生的理解"的说法。

应该说，在分析叙事作品时，我们可以采用西方叙事学的形式主义分析方法；但是在解释叙事作品时，则坚持中国叙事学的人文主义立场。融合两者便可以将作者的视角和叙事作品中的视角贯穿起来。利用西方叙事学对视角的细致分类和命名，可以对叙事作品中出现的各种视角进行全面的描述和分析。对叙事作品中各种视角技巧的分析则最终帮助揭示作者的视角。融合中西方叙事学之长，可以把形式分析与揭示作者隐含在作品之中的世界观和人生观结合起来。当然，没有必要分析叙事作品中的所有形式技巧，也无法确定所发现的叙事技巧是作者的安排还是读者的构建。所以，要了解作者的世界观和人生观，应该从前景化的技巧着手，因为这些前景化的技巧，相对于那些小规模的、零

第六章　新闻翻译的叙事建构策略

碎的技巧来说，更有可能是作者刻意安排的。虽然我们无法确定哪些前景化的技巧确属作者安排，但却可以肯定地说，由这些前景化的技巧揭示出的主题更有可能让读者走进作者的内心世界。

下面我们尝试建立一个以现代叙事小说为分析对象的综合分析框架，来看看视角在文学中扮演的"角色"（以此可以迁移运用到新闻翻译中）。

按照批评界的普遍看法，传统小说和现代叙事小说的时间"分水岭"为20世纪初。在这个时期，整个西方的文学创作中涌现出各种创新的叙事技巧。早期的小说家把"逼真"看作文学创作最重要的品质，所以他们通常会不遗余力地描写人物的外貌、衣着、感情等，目的就是让人物最大限度地接近真人。对事件的安排也是遵循同样的原则，所以传统叙事作品中的事件大多是按照时间顺序安排的。尽管也有一些叙事作品从中间开始叙述，这样做的目的是激发读者的好奇心，或是提供叙事的背景信息。至于视角，大多数的早期小说都是由一个全知的叙述者讲述故事，其间偶尔会有一些小范围的视角变化，读者偶尔也会发现通过人物的视角展示的场景，但是被观察的物或事件常常是比较简单的。所以，在传统叙事小说中，鲜有垂直的叙事结构，更不用说有在不同叙述层次上采用不同的叙事技巧和文体技巧的叙述者。就相似主题的空间形式而言，在早期的叙事小说中，空间形式的重要性远远比不上时间顺序的。但是，对空间形式的把握在很大程度上依靠读者的观察和认知。如果读者能够了解现代叙事学的一些技巧，就一定能够更好地发现和构建叙事作品中的空间结构。即便对于运用技巧不是很突出的传统叙事作品，读者也可能会发现一些有意义的空间形式，进而更好地揭示该叙事作品的主题意义。

在许多文学理论著作中，人物、情节和环境被看作小说构成三要素。相比较而言，传统小说家更注重在人物刻画、背景描写和故事讲述等方面的创新，而现代小说家更看重的则是灵活的视角变换、复杂的时间安排和有象征意义的空间形式。这些成为现代叙事小说有别于传统小说的最突出之处。

现代小说家对技巧创新表现出更大的热情。传统小说的上述几个特征被现代小说家视为对伪现实的追求而被削弱甚至被摒弃。

在传统叙事中，空间的安排通常作为后文讲述的事件的背景，空间在譬如毛姆这样的小说家手里，有时也不再作为一个静止的符号存在，而是一种动态力量，有象征意义。空间成了矛盾冲突的起源，是情节扭转的助力、惊人结局的导引。然而在现代小说中，叙述故事之前很少会出现大篇幅的背景描写，即使有一些背景描写，背景也不全是一个客观存在物，而是在不同人物眼中呈现出的不同面貌。背景通常通过人物视角的过滤，不可避免地染上人物情绪的色彩。这种背景可以结合视角进行分析，具体来说，就是观察该背景的聚焦。只有在少数几个叙事作品中，自然环境时不时地出现，通常相似于人物的个性，或某种情况下的心境，或是与主题相呼应。鉴于背景描写在现代叙事小说中的上述表现，这里不把背景列为一个单独的叙事成分，而是将它与其他结构技巧结合起来讨论。

人物刻画在现代叙事小说中也发生了戏剧性的变化，其中最重要的变化就是更加注重刻画人物的内心世界。这不是说传统小说中就没有人物内心描写，而是现代小说和传统小说在展示人物内心世界方面运用的具体策略不同。福勒区分的两种内部视角可以用来解释这两者的区别。福勒认为，内视角向读者展示了人物的思想状态、反应和动机，这些可以通过叙述报道（不可避免地包含判断）展现现实生活中不能被观察者所了解的人物内心。传统小说家对人物内心的展现主要采用的是全知叙述视角，而现代小说家却是努力将自己置于他们的小说世界之外，直接展示人物的内心世界，不加总结和评论。当然，传统小说中也有对人物内心世界的直接展现，大都是人物的感情或是情绪波动的描写，或者是对一些事情的思考。现代叙事小说却呈现出一番不同的场景，对人物内心世界的表现常常会包含对一些情节的观察和叙述，因而更广阔、更复杂，也有更强的叙事性。

除了对人物内心世界展现方面的不同，传统小说常常在人物一出场时就对其外貌进行一番详细介绍，而现代叙事小说很少对人物的外貌进行细致描绘，即使有些零星的介绍，通常也是通过人物聚焦者的眼光描写出来的。如巴尔所说，人们接受的关于某个物体的形象，是由某个观察者决定的；反过来，通过观察者展示的该物的形象，也让人们对观察者有些了解。

综上，对现代叙事小说中人物和背景的分析，在很大程度上可以转变为对视角的研究。视角的两个构成成分——聚焦和声音，对应于言语和思想陈述。

至于对事件的讲述，现代叙事小说家不仅运用多样的时间技巧，还添加不同的甚至相互矛盾的事件细节，后者可界定为多层叙事，而在单层叙事部分，主要分析叙事作品中涉及的各种时间技巧。就单层叙事而言，分析的主要结构成分是视角、时间技巧和空间形式。

在对传统小说和现代叙事小说比较的基础上，我们把前面的叙述文体学分析框架简化为针对现代叙事小说的具体分析框架，在这个框架中，相似性的空间形式标示在叙事作品之外，意指空间形式是一部叙事作品整体呈现出的外观。相似性的空间形式是现代叙事小说的一种重要技巧，但是并非所有现代叙事小说都一定包含有意义的空间形式。

第六章　新闻翻译的叙事建构策略

相对于外部的空间形式，对叙事作品内部技巧的分析是以一个故事之外的叙述者的声音为出发点的。故事之外的叙述者被热奈特用来指小说世界中最外一层的叙述者。因为在大多数叙事小说中叙述声音和聚焦不同，分析的出发点可具体界定为叙述声音。这个故事之外的叙述者，不管是隐蔽的，还是从故事中隐退的，始终是叙事中最高层的声音。其通过对其他人的言语、思想的叙述，对事件的讲述，对人物、场景的零星描写而显现出来。叙事作品中包含的人物的话语和思想事实上分别是低一层的叙述声音和聚焦。为了找到叙事学和文体学分析方法在视角分析上的最佳结合点，可以暂不区分叙述声音和聚焦，而是把视角按照另外一种区分标准分为视觉视角和感情/意识形态视角。不过，与大多数叙事学家对这两种视角的认识不同，我们认为，视觉视角不仅仅可以作为感情/意识形态视角的物质载体，而且可以作为独立存在的视角类型。对于这种纯粹的视觉视角，借助语言学可以帮助读者识别该视角"是谁的视角"。相对于视觉视角，感情/意识形态视角是隐蔽的，文体学分析可以解释该视角是什么样的视角，即该视角的评价意义。先前也有学者运用叙述文体学综合的分析方法研究视角，但是尚未见到从理论层面上对这两种不同的叙述视角融合方法的归纳。我们在后文会专门论述叙述文体学对视角的研究方法。

此外，对人物和背景的描写在现代小说中已经大大削弱，小说家们更热衷的是视角、时间技巧和空间形式等现代技巧。所以，在大多数情况下，可以把对人物和背景的描写作为对其他重要结构成分的分析的补充，以期对作品的主题和作者独特的世界观做出更全面、深入的解释。

宽泛而言，针对现代叙事小说的叙述文体学分析主要包括两个方面：一个是描写和分析，另一个是解释。实际分析一般包括三个步骤：

第一，找出叙事作品中前景化的结构特点，对使叙事作品呈现出该结构特征的叙事学技巧进行描写和分析。

第二，寻找相关的被前景化的文体学技巧，对分析过的结构特征进行描写和分析，同时参照发现的文体特征，审视先前分析过的叙事技巧，做出补充或修正。

第三，对叙事作品的整体做出解释，包括人物、主题，甚至作者的独特世界观。

综上所述，现代叙事学中的叙事结构包括叙述声音（既包括单层叙事中最外层叙述者的声音，也包括多层叙事中人物话语引入的人物叙述者的声音），聚焦（既包括最外层叙述者的聚焦，也包括人物思想介绍引入的人物聚焦），时间技巧和空间形式，并适当考虑人物和背景的描写。

通过以上的分析，我们应该认识到，叙事视角指叙述者观察和陈述故事的角度，在陈述过程中将自身隐藏在文本之后，采用不露声色的表述来达到客观叙述的效果。

不同的新闻传播主体，其视角倾向不同，比如，通过对《纽约客》与《智族GQ》的特稿仔细观察研究，笔者发现《纽约客》进行叙事时视角更为多元，在解释式叙事时多采用全知视角以对读者进行知识说明与科普，其科普类文章较为知名。这种视角又称"上帝视角"，作者虽然未曾参与其中，却能对每个人的命运了如指掌。《纽约客》素以"揭丑"报道著名，这类报道需要对事件的前因后果、历史背景等都有所掌握。在这种情况下会采用零焦点视角进行报道。

在《智族GQ》上的特稿文章多以第三方描述出现，从人物本身出发来叙述事件，少以"我"的经历来着手叙事。在细节叙事之中，采用外焦点视角呈现小说描写倾向，细致、精湛的情节场景等描述渲染，接近于可视化叙事。

（二）视角与文体分析的结合

1. 视觉视角与文体分析的结合

为了促使读者更深入地了解视角，本节还对于视觉视角与文体分析的结合进行了分析。关于纯观察视角，辛普森指出，这种及物性模式与叙述者的观察位置对等。这样，辛普森在文体策略与叙事学意义上的观察视角之间建立起联系。比如在恐怖故事中，被逐步揭示的可以是被聚焦者的各个部分，也可以是各个部分的特征。对于后者，一个生动的例子是利奇所给的：在韦洛克先生还没看清楚向他走来的女人是自己的妻子时，他把她称为"一个女人"。这种现象叫作"心理顺序"，指的是"人物逐渐了解小说中的各个成分的顺序"。除了营造紧张的气氛和制造悬念之外，借助人物的有限观察视角，读者很可能跟随人物的眼光观察一个空间。一位全知叙述者在介绍同一个空间时，可能是浮光掠影式的，也可能挑选某一个或几个突出点介绍，但是通常不会按照事物的空间布局依次介绍。全知叙述者也可能按照某种顺序呈现一个空间，不过在这种情况下，这位全知叙述者在很大程度上变成一个置身于该空间中的人物，以一个首次进入该空间的人物所具有的充满好奇的眼光逐一审视该空间中的事物。不管这位全知叙述者有没有明确指定人物来观察和呈现该空间的样貌，这种有限观察视角通常会伴随一连串表示方位的介词、副词短语和指示词。这些文体特征帮助读者定位观察者，并根据人物的观察视角逐步构想出该空间的样貌。

在肖特列出的文体学与叙事学意义上的视角的结合点中，指示词、思想和视觉表述以及心理顺序可以作为纯观察视角的语言标记,在他与利奇合著的《小说文体学》中对心理顺序有比较详细的介绍。"指示与距离、空间、时间或社会关系的接近程度有关,说明说话人总是根据自己所处的位置解释指示术语。""一些明显的例子包括'这儿''那儿''现在''那时'以及'来''去'等。"对视觉的表现在语言学上可能表示为一些"特殊的动词(包括情态动词)和有事实性的副词"。该书给出的例子是"用表示观察的动词'看'建立起一个特定人物的观察视角"。

尽管纯观察视角通常只在很短的篇幅内使用,对主题的贡献也常常较小,但在一些情况下它仍然可以带有象征意义,并生动地揭示主题。斯坦泽以乔伊斯的小说《一个青年艺术家的画像》为例说明了这一点:"主人公斯蒂芬在他就读的耶稣会学校被校长叫去讨论一个非常敏感的话题,即斯蒂芬是否可能守规矩。""在会面之前,校长已经选好了位置,他站在窗户前面,斯蒂芬只能看出他的身形轮廓,而看不到他的面部表情。"在这个选段中,主要是介词短语把"观察者(斯蒂芬)、被观察者(校长)和那扇明亮的窗户"在空间上联系起来,在某种程度上象征性地表现了主题。

2. 心理/意识形态视角与文体分析的结合

在探讨心理/意识形态视角与文体分析的结合之前,首先需要强调的是,尽管观察视角可以不带感情或意识形态倾向,但后者大多依附在一个观察视角上。因此,上文列出的作为观察视角的语言学标记(诸如指示词、思想和视觉表现等)可以用来辨认聚焦者或叙述者的身份,并帮助揭示这些视角中蕴含的心理或意识形态意义。

首先来看看福勒对叙事学的视角与语言特征的融合。虽然福勒主要探讨的是观察视角与文体特征之间的融合,但是这为辛普森的情态语法做了铺垫。福勒首先区分了内叙述视角和外叙述视角。内叙述视角又被分为第一人称内叙述和第三人称内叙述。第一人称内叙述的特点是包含"被前景化的情态词(直评法则)和表示思想、感觉、观察的词";而第三人称内叙述则更多地聚焦于人物而不是叙述者本人,使用更少的情态词。

至于外叙述视角,福勒将它分为两种:第一种外叙述不描述人物的心理状态,因此既"不用情态动词,也不用表示感觉、思想的词";而第二种外叙述中"大量使用明显的情态动词,在有些情况下使用第一人称代词"。福勒的模式清楚地展示,"我们不仅可以辨认出叙事作品中的结构范畴,而且可以为人们提供清楚的语言学标准"。

但是,福勒的模式存在以下问题:第一,如果第一人称内叙述和最后一个外叙述在语言上都表现为大量的情态动词，那么这两种叙述模式中的情态动词有什么差别？第二，情态动词除了作为四种叙述情景的标志之外，还能为叙事分析做些什么？

针对上述问题，辛普森的模式在某种程度上完善了福勒的理论体系。

辛普森并没有试图找出叙事情景与语言特征之间的对应关系，而是主要探索各种情态的类型以及它们在叙事小说中可能具有的含义。因此，与福勒相比，辛普森的模式更侧重具体作品，具有更强的实用性。他归纳了"英语的四种情态系统"，即"义务型、意愿型、认知型和感知型"，其中，认知情态对小说中的视角分析而言可能是最重要的。除了感觉之外，认知情态还包括"知识、信仰、认知"等。辛普森进而分析说明，认知情态主要与心理视角有关，表示的是知识、信仰、认知。

在构建该情态语法之前，辛普森按照叙述者的类型把叙事分为两类：一类叫范畴A，"对应于热奈特的同故事叙述"；另一类叫范畴B，"非常接近于热奈特的异故事叙述"，即该故事是由一个"隐形的、不参与的叙述者"讲述的。范畴B又被分为两类，即"叙述者模式"和"反应者模式"。辛普森区分的范畴B的两个次类型显然对应于热奈特的声音和聚焦。

辛普森接着把四种情态系统归为三个等级，即积极的、消极的、中性的，然后把这三个等级的情态分别与范畴A及范畴B的两个次类型搭配起来，如图6-1-3所示。

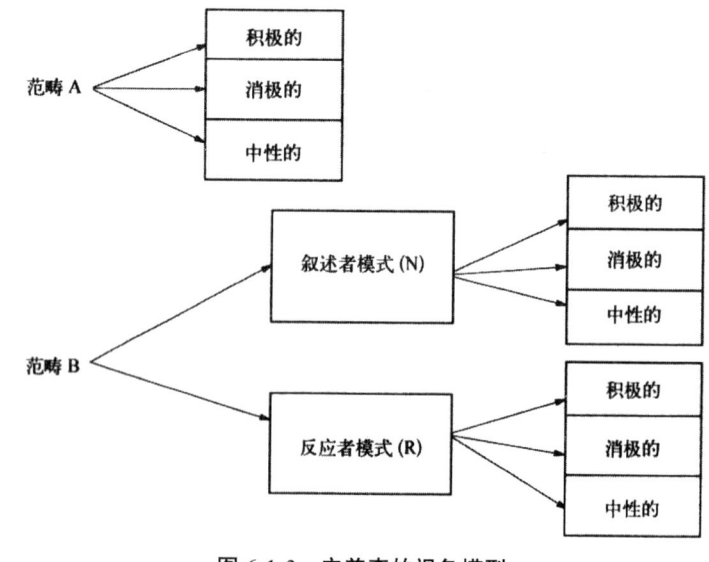

图 6-1-3　辛普森的视角模型

第六章 新闻翻译的叙事建构策略

但是，辛普森的情态语法也不是无懈可击的。比如，范畴 B 异故事叙述中的叙述者模式与消极情态动词之间的联系就较难理解。在解释这种叙述中的认知情态时，辛普森认为，这种叙事技巧，尤其是当其伴随一些表示疏远的比喻时，经常用来描述恶棍或怪人。

辛普森对上述认知情态的评论确实适合分析狄更斯小说中对恶棍的描写，但是对其他小说可能并不适用，因为他的评论似乎暗含着第三人称叙述中的认知情态必然是用来描述邪恶人物的。这里再以福克纳的小说为例。借用福勒关于认知情态的分析，可以解释与《八月之光》中一些心理扭曲的人物（如乔、乔安娜、海托华和布朗等）相关的认知动词。但是，这些认知情态动词也频频出现在小说对善良、平凡的乡村女孩莉娜的描述中。也就是说，在福克纳的小说中，认知情态可以用于各种人物，包括邪恶的和善良的。这就意味着，认知情态并不一定是专门用来塑造某类人物的，它们或者与叙述者的固有特性有关，或者与叙述者对世界的独特理解有关，甚或与某个时代作家共有的世界观有关。很难一句话概括这种认知情态的功能，因为它在很大程度上依赖于具体文本。这种叙事情态与福勒的最后一种外在叙述类似，"叙述者控制故事的讲述，对故事中的人物和事件有明确的观点，但很有趣的是，这个叙述者有的时候没有窥视人物的思想和情感的特权"。然而，福勒或者其他学者都没有对这种反传统的叙述情态的深层机制进行深入的探讨。

与辛普森和福勒把情态动词和表示感觉、思想的词与叙事情景、视角匹配的做法不同，一些学者集中研究了叙事小说中随主题发展而变换的视角及其对应的文体特征。相比较而言，辛普森和福勒所做的主要是静态的视角类型研究，而后者主要是近些年出现的研究方法，关注的是叙事学和文体学意义上的视角动态的结合。

研究动态视角最系统的著作当属斯坦泽的《叙事理论》。该书专门研究各种叙事情境，不过斯坦泽反复强调，在各种叙事情境之间并没有明确的界限。事实上，一种叙事情境常常会慢慢转入另一种临界的叙事情境，这在叙事作品中很常见。在狄更斯的作品《圣诞颂歌》中，斯坦泽就发现了叙事情景随主题的发展而改变：伴随小说中的人物斯克鲁奇从胡作非为到弃恶从善，再到能够体会那"自然和无私的圣诞精神"，小说中的"视角不知不觉地发生了改变，体现圣诞快乐的视角从以作者为叙述者转变为斯克鲁奇"。故事中的视角随着叙述者对斯克鲁奇的态度的改变而改变。

叙事学视域下的新闻翻译研究

戴凡在对长篇小说《喜福会》的分析中指出，第一人称叙述者精梅随着对中国传统的逐步接受，从被聚焦者变成了聚焦者。伴随叙述视角的转变，人们对精梅的评价也从开头的消极评价逐渐转变为积极评价。戴凡的分析生动表明，第一人称叙事中叙述视角的变化，连同改变的文体特征，常常表示第一人称叙述者从最初的经验自我获得了心理、精神和思想上的成长。

第一人称叙事常常讲述叙述者从经验自我逐渐成长的过程，鉴于这种独特性，学者们在研究视角的动态演变时多以第一人称叙事为对象。这种成长多始于叙述自我对早期经验自我的批判性评价，常表现为叙述自我对经验自我所用的特殊指称。

斯坦泽发现，因为叙述自我往往不太情愿承认自己早先曾有的一些不成熟的思想或举动，所以，在对其进行描述时，往往用"他"（he）来指代自己的经验自我。斯坦泽同意杜波伊斯在这一点上的说法，即"这个他是被置于一定距离之外的我"。王敏从认知的角度分析了第一人称叙事中的视角转换。她指出，叙述者有时用"过分详细的不确定描述"指称经验自我，与叙述自我的自称"我"形成鲜明对比。对先前经验自我的这种特殊指称表示"从指称者的观点转向一个外在视角，似乎这个观点代表其他人对他的评价"。叙述自我用这种方法减少自己与过去的联系，而把经验自我置于其他人，或者叙述自我的审视和批评之下。这个观点与学者戴凡的很相似，因为两者都发现了与叙述自我对经验自我的评价相关的语言特点。但是两者又不完全相同，因为在学者王敏的分析中，对经验自我的判断出现在叙述自我的话语中，因而听起来更像是自我评价。尽管这些评价实质上更像叙述者引用其他人对经验自我的评价，叙述自我并没有明确交代评价的来源。戴凡的例子与此不同，对第一人称叙述者的经验自我的评价主要出现在其他人物的声音和聚焦中。

所以，就叙述视角而言，这两者的分析对象是不一样的，至少在形式上是有差别的。

就叙述视角与文体特征的结合而言，学者多聚焦于第一人称叙事。以上三位学者研究的语料具有某些共性，即经验自我多是以被聚焦者或被叙述者的身份出现的，而叙述自我或引用他人的评论或对经验自我进行自我评价。这三位学者对第一人称叙事中与被叙述或被聚焦自我有关的文体特征的研究，如图6-1-4 所示。

第六章 新闻翻译的叙事建构策略

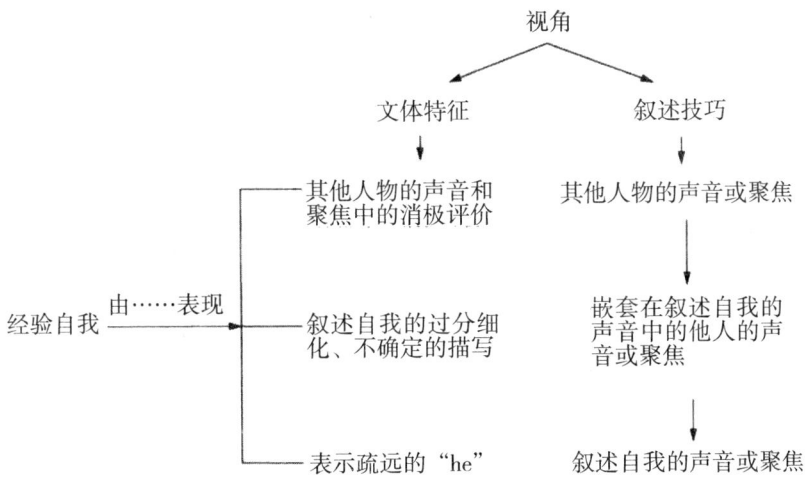

图 6-1-4　叙述文体综合分析被叙述或被聚焦的第一人称经验自我

可以看出，呈现被叙述或被聚焦自我的三种方式形成一个系统。在最上面的一类中，叙述自我借用其他人物的评价描述经验自我，其他人物的声音或聚焦通常都是带有消极意义的评价。在最下面的一种视角类型中，把经验自我置于一定距离之外，并对其进行审视的是叙述自我的声音或聚焦。叙述自我把早先的自己当作他者来审视和评价。中间一种是这两者的融合或中介，在对经验自我的评价中，叙述者主要把其他人物的观点纳入自己的话语中。在这种视角形式中，其他人物对经验自我的评价对叙述自我产生了很大影响，所以它们划入叙述自我的话语，成为其对经验自我的理解。这三种视角及对经验自我的指称方式都透露出叙述自我与经验自我保持着一定的距离。但是，在叙述自我对经验自我的这些描述中，仍然看到叙述自我的成长。尽管承认自己早先的不成熟可能是有些难为情的，与早先的自我保持距离必然也是痛苦的，但是用上述方式来审视和评价当初的自我仍然是可喜的，因为这是叙述自我能够成长的第一步。

（三）新闻翻译中的视角融合

事实上，不管是小说家、记者还是新闻翻译人员，在描述情节进展的话语中都尽最大努力追求一种客观的模仿效果。

尽管叙事视角的分类存在争议，但通常有以下分类：

第一种是全知视角和有限视角。全知视角意味着叙述者在讲述故事时知道所有内容。有限视角是指叙述者或者自愿放弃全知的权利，或者仅仅通过故事中人物的视角观察事物，或者仅仅理解部分情况，并将部分作为一个整体。全知视角更加客观公正，而有限视角则容易受主观影响。

第二种是内部视角和外部视角。内部视角是指故事叙述者从故事中人物的角度进行叙述。外部视角是指叙述者在故事之外，以旁观者的角度进行叙述。叙述者与故事本身无关。所以外部视角叙事更客观。

第三种是单视角和多视角。前者意味着叙述者只从一个人物的角度叙述事件，而不进行视角转换，这样为故事留下一定的联想空间；后者是多种角色视角和叙述者视角的动态结合，以全方位、多层面的方式对事件进行叙述。

第四种是第一人称叙事和第三人称叙事。

应该认识到的是，动态是视角的一个突出特点。新闻叙事强调"真实、客观、公正、全面"，相比较来说，在以上的四种视角中，全知视角多于有限视角，外部视角多于内部视角，多视角多于单视角。在新闻叙事中，第三人称比第一人称用得更多。这些视角之间存在许多交叉、渗透和转换，聚焦也存在差异。所以在全知视角、外部视角、多视角和第三人称视角四类中，译者应选择合适的视角，并有效地整合这些视角。

三、叙事结构

什么是叙事结构呢？本部分对叙事结构进行详细的分析，在此基础上探讨新闻翻译中的叙事结构。

（一）叙事结构的定义

就写作而言，对作者来说，结构是作者写作的顺序。一位好的作家在动笔之前应该对作品有个整体的规划。这个整体规划被视为一篇作品的支柱。就文学作品而言，结构即一篇文章（小说也好，新闻也好）所呈现的外形。以句子的结构来类比，叙事结构的重要性在于它对信息价值和重心的前景化分布。以上是对"结构"的最基本和常识性的定义。事实上，中西叙事学界对叙事结构的理解不尽相同。

西方对叙事结构的研究可以追溯到亚里士多德的《诗学》。该书是对文学结构的解释。几乎所有讨论写作技巧的著作，或是评论文学作品的文章，都会或多或少地谈论结构。

法国结构主义对结构进行了新的阐释，把其界定为叙事文本独立于其作者的客观特征。总的说来，他们的叙事学研究都建立在这样一个前提之上，即对某一部作品的理解，一定包括对这些作品中的关系或结构进行挖掘或细化，并把这些作品作为彼此的结构转换物来分析。

第六章 新闻翻译的叙事建构策略

尽管热奈特也被归为结构主义者，他的叙事学研究与同阵营中的人们不尽相同。虽然他也认为，对叙事话语的分析根本上就是对叙事和故事、叙事和叙述的关系的研究。但是，热奈特并没有对故事层投入太多精力，只是把其作为研究话语层面的叙事技巧的参照。斯科尔斯把那些旨在挖掘深层普遍结构的托多罗夫等叙事学家称为高结构主义的代表人物，把定位于具体文本研究的热奈特视作低结构主义的代表人物。

比如对《追忆似水年华》的详细分析说明，在热奈特的叙事学研究中，对一个抽象的故事层面的假定只是为了突出在将其转变为叙事时所采用的所有叙事技巧。也就是说，热奈特所关心的不是基本故事层，更不是所谓的普遍性结构。相反，他把所有的精力都用在探讨三种主要的叙事学技巧上，包括时态、语气和声音。热奈特把注意力从故事层转到话语层，在叙事学技巧的研究方面做出了很大贡献。

然而热奈特仍然具有其他结构主义者的特点，也就是说，他的目标不是解读具体作品，而是试图使作品呈现特定形式、表现特定意义。在这个意义上，热奈特的叙事学研究与其他西方结构主义者重视叙事作品的形式有很大相似之处。

杨义指出，西方的叙事学研究者们通常把文学结构视为一种静态特征，所以才会出现把文学作品当作一个整体来研究其结构的结构主义流派。也正是在由上述思维方式占主导的西方学界，结构主义流派才能占据如此长期的主导地位，至今仍具有一定的影响力。

刘庆璋阐发了大致相同的观点。她认为，尽管西方叙事研究的创始者亚里士多德对文学作品的形式和功能都很关注，他的后代却常走极端。他们对形式的热情在1930—1950年的英美新批评中达到高潮，继而在20世纪六七十年代的法国结构主义中达到高潮。这种形式主义思潮影响西方学界长达半个世纪。

如肯恩所说的那样，尽管在叙事学研究的小圈子之外人们对叙事形式的关注开始与理论的、主题的、文化的、认知的和历史的因素相关联，结构对于西方学者来说仍然是个静止的框架和模式，而不是一个与其创作者保持血肉联系的有生命力的东西。

（二）我国学者对叙事结构的分析

与旨在挖掘深层叙事结构、把文学作品当作一个封闭的静态结构来研究的正统结构主义叙事学家不同，中国的叙事学家致力于解读各种叙事技巧背后的心理密码。

叙事学视域下的新闻翻译研究

杨义清楚地指出，早在1500多年前，刘勰在《文心雕龙》中就认为，文是人对宇宙的理解的结果。刘勰把文学作品视为世界之源，认为"文之为德也大矣……此盖道之文也"。这里的"文"代表各种各样的模式，当然也包括文学作品的形式。

施宇春对中国文学批评理论做了简要介绍，并指出，诗歌在中国古代作为言志、抒情的媒介，对后世的中国文学批评理论产生了深远影响。

施宇春这样说很有道理，因为中国的文学批评理论和叙事学研究确实在很大程度上受到中国古代诗歌创作的影响，体现出对创作主体情感的更大关注。

杨义认为，中国叙事学研究的一大特色就是将叙事技巧的研究与心理和文化机制相关联。因此，在中国的叙事学研究中，作者从没有被逐出作品之外；而在西方的叙事学研究中，作者就曾经多次被学者割断了其与作品的联系。

与西方学者对叙事结构的静态理解不同，中国叙事学家把叙事结构视作一个动态的过程。叙事结构的动态含义可以追溯到汉字中"结构"一词的起源。

杨义还指出，"结构"一词，"从中国词源上看，它是动词，或具有动词性"，而这一点"是中国人对结构进行认知的独特性所在"。他进一步解释说，作者在落笔时把"心中的'先在结构'加以分解、斟酌、改动、调整和完善，赋予外在形态，成为文本结构"。简言之，结构不能被仅仅视为形式，而应是作者的经历和生活体悟的外化。

杨义的叙事学研究最突出的一个特点就是坚持作者与叙事技巧之间的密切联系，包括叙事结构、视角和时间技巧。杨义认为这些都是作者的独特生活体验的外化，这也是为什么他一再声称：宣布作者已死，就等于给叙事作品判了死刑。杨义对叙事技巧与作者之间关系的理解，代表了中国叙事学研究的典型立场，即叙事形式与作者对世界的理解密切相关。也正是这样，叙事技巧绝不是静止之物，而是动态的、有生命之物，是与作者的生命体验密切交织在一起的。相比于西方叙事学界对结构的理解，中国叙事学家眼中的叙事结构更有活力，与整个作品的关系更加密切。在他们看来，结构意味着去构造。把结构理解为一个动态的过程，可以说是中国叙事学与西方叙事学的一大区别。以鲁迅的《药》为例，杨义在分析了作品中明暗两条结构线索之后指出："结构的双构性蕴含着作者对国民性的沉痛解剖，以及对中国社会运行之道的深刻思考。"这里的双构，也就是结构之技，是结构之道的形式化。在杨义看来，在该小说中，"明暗两线的结构之技是与结构之道浑融一体了"。

简言之，在中国叙事学领域，结构被视为一种动态的、有生命力的东西，是沟通作者和叙事的桥梁。这种对待叙事结构的人文主义态度在中国叙事学中深深扎根，成为中国的叙事学研究与以形式主义为主流的西方叙事学研究的主要区别。

当然，说西方叙事学的主流是形式主义，并不是说所有西方学者都热衷于形式研究。西方也有一些学者提到形式和作者之间的关系。比如说，在研究康拉德的叙事作品时，洛斯指出，叙事的形式指的是那些更抽象的手段，这些手段不仅把小说文本连接起来，而且与主题密切相关。多恩指出，斯泰因早期小说中常用的叙事结构，是基于作家对生活的新鲜认识，而该结构所体现出的主题是通过其与传统叙事模式的对比来实现的。多恩多次指出，斯泰因小说中最常见的叙事结构是开始又开始，这种结构代表斯泰因对当代社会的重要精神问题所进行的反复思考，即人们如何在宇宙面前确立他们自己的重要感。

在上述两例中，西方学者把叙事结构和主题相关联，并进一步探索作者对生活的特殊理解方式。但是，这种叙事学研究在西方叙事学界长期处于边缘地位。

本部分对比了中西方叙事学研究者对结构的不同理解，重点阐明了他们在研究叙事结构方面各自具有的优势。简单说来，西方的叙事学研究以系统地描写、分析各种形式技巧见长，而中国的叙事学研究则更注重形式特征之下的深层心理机制。

中国的叙事学家不止于描述、分析叙事技巧本身，而是把它们视作进一步挖掘主题及作者的独特生活体验的工具和媒介。因此，与大多数西方学者热衷于挖掘所有叙事作品的做法不同，中国叙事学家更关注对具体叙事作品的分析。就叙事结构的分析而言，中国学者主要关心的是某个具体的结构特征体现了作者什么样的生活体验、什么样的世界观，甚至什么样的民族特定思维方式。笔者在对叙事技巧的研究中采取中西结合的立场。

(三) 叙事学中的结构要素探析

我们以基本故事为基础来展示结构成分从基本故事层到叙事话语层经过的变化。叙事学的处理是宏观的，因此，以叙事技巧作为叙述文体学分析的出发点更为合理。各个叙事成分当然是相互交融的。但为了方便分析，这里暂且把它们分开，并且在理论上认为叙事学对叙事成分的处理按照以下顺序进行：

第一，选择一个故事外叙述者的视角，以及被嵌套的人物视角。

第二，把功能主义角色充实为丰满的、有个性的人物。

第三，给地理意义上的位置一些特点，使之成为与作品主题和人物刻画相关的地点/背景。

第四，应用时序、速度、频率等时间技巧，使功能主义事件成为核心事件。

第五，把故事安排成一种宏观的、与主题相呼应的空间形式，即相似的空间形式。

叙事成分从基本故事层到叙事话语层经过的变化，如图6-1-5所示。

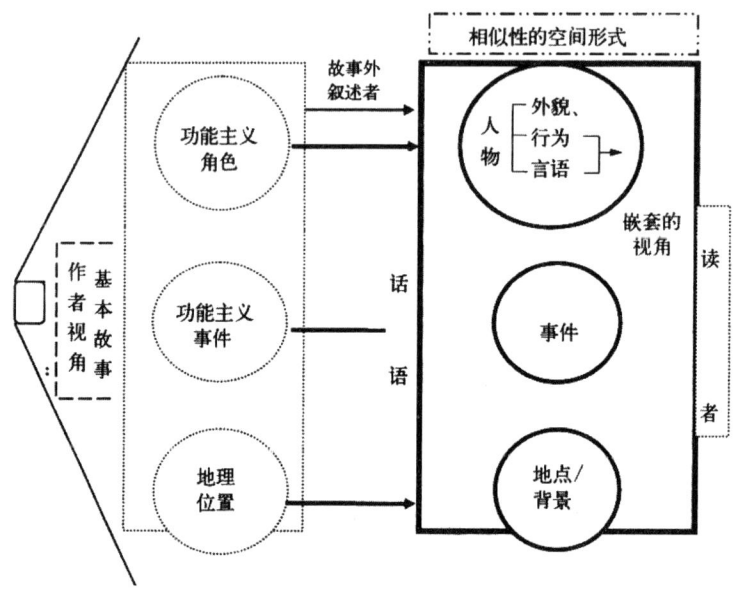

图6-1-5　从基本故事层到叙事话语层经过的变化

在叙事话语层的五个成分中，把一个地理意义上的位置加工成一个地点是最容易理解的。

与其他四个结构成分不同，空间形式在基本故事层面没有对应物。但是因为人们关注的只是相似的空间形式，而这种空间形式以象征的方式揭示作品的主题，所以，应该将其视为叙事话语层面应用的技巧，或者说是叙事话语层面呈现出的特征。

视角更复杂，也与人物刻画关系更密切。首先，一部叙事作品预设一个叙述者。当然，这不是说基本故事层面就没有叙述者，而是说叙事话语层面的视角更加个性化，与情节展示、人物刻画的关系更密切相关。从其在叙事话语中所应用的各种技巧，可以非常清楚地看出该叙述者的个性和意识形态立场。所以，也可以把这样一个个性化的叙述者视为在叙述话语层面增加的技巧。在叙述话语中，人物的话语和思想会引入新的视角，嵌套在外层叙述者的视角之中。

讲到功能事件和事件的关系，需要澄清事件和行为的差别。行为是使人物活起来的方式之一，而事件是指行为或者发生的事情。这样的定义与后图中对两者的描绘是相冲突的，所以需要对两者重新界定。我们认为，行为和事件的最根本区别在于：行为是个人的、小规模的；而事件通常贯穿整个叙事，且涉及更多人物。当然，不能否认事件也能揭示人物的性格，一些个人的行为也能揭示主题意义。但是，行为告诉人们更多的是人物的个性特点，而事件则与主题的关系更加密切。事件无疑是由大量的行为构成的，但并非所有的个人行为都能够构成事件。正是在后一种意义上，我们把事件和行为区别开来。在叙事作品中，事件所经过的处理主要包括填充大量情节细节和运用时间技巧。

上面已经展示了几种叙事结构成分在从基本故事层到叙事话语层所经历的变化。接下来分别看看这些结构成分在变化过程中涉及的叙事技巧和文体技巧。

对叙事结构成分的分开讨论将清楚地标示出叙事学和文体学所能分析的不同方面。这并不等于说叙事学和文体学的分析对象是截然分开的，而是通过标示两者各自的功能，充分展示两者的关系互补，更好地分析结构成分在叙事话语中被赋予的所有特征。

1. 人物

关于人物刻画，叙事学家埃文把它分为直接定义和间接表现，这是在叙事学界很有影响的一种区分方式。人物刻画可以或多或少地直接定义，可以由可靠的叙述者、人物自己或其他人物交代，也可以通过人物的行为、反应、思想和感情间接推理出来。

里蒙-凯南是这样描述这两种人物刻画方式的：第一类是以形容词、抽象名词，或者可能是其他类型的名词或者修辞格直接定义；第二类是不直接定义，而是以各种方式展示或例示，让读者从这些特点中推测该人物的个性特征。在此分类之后，凯南重点介绍了间接表现，因为间接表现在叙事作品中所占分量要比直接定义大得多。凯南引用埃文的话来解释这一点：在当代，当人们喜欢暗示和不确定性胜过直白和确定性时，当人们更重视读者的积极作用时，清晰和直接定义的人物刻画方式通常被视为缺陷而不是优势。结果，在20世纪的小说中，作家们很少运用直接定义，使间接表现逐渐占据了人物刻画的主导地位。

尽管直接定义在现代叙事作品中的地位日渐式微，这里仍然把它保留下来作为人物刻画的一种方式。

里蒙-凯南共计列举了四种间接表现的方式，包括指称、外貌、行为和言语。在人物刻画方式的图表中，笔者增加了思想一项，而略去了空间（图6-1-6）。不能否认，思想呈现对于人物刻画起到举足轻重的作用。思想表达方式和言语表达方式一样，经常带有明显的个人风格，《喧哗与骚动》中的班吉和昆丁的思想呈现就是最佳例证。极具个人化的思维方式把昆丁和班吉的性格展示得一览无余。思想通常被说成没有说出的单声言语，所以可以用于分析言语表现的方法，也可以用来分析思想表现方式。从人物刻画方式中省去空间因素，不是因为空间与人物刻画没有关系，而是后文会专门讨论空间因素。在分析空间形式技巧时，读者便可以看出空间形式是如何揭示出人物的个性特征的。

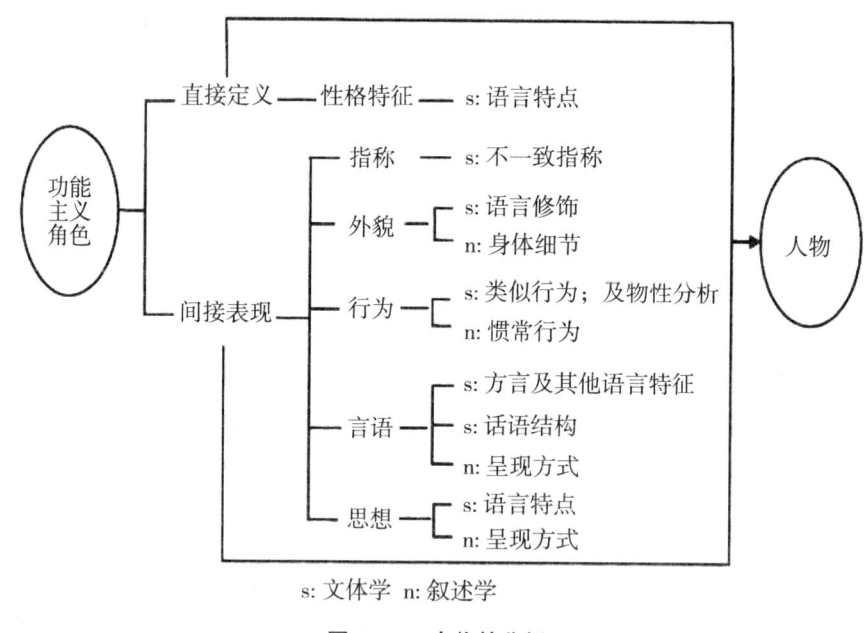

图 6-1-6　人物的分析

如图6-1-6所示，作为人物刻画的一种方法，直接定义法可以用文体分析的方法来解释，从而揭示出该人物的性格特征。间接表现则要复杂得多。

外表指作者赋予人物的各种外部细节，不仅包括各种细节的积累，还包含对各个细节的语言学修饰。不过，这里的修饰词和直接定义的修饰词不同，它们是对人物的各个部分特征的修饰，比如大眼睛、小眼睛、光滑的皮肤、金色的头发、耀眼的项链，而不是对人物个性的直接修饰。当外貌细节在某种程度

第六章　新闻翻译的叙事建构策略

上与人物性格相关时，它们就应该得到更多的关注。尽管在现实生活中，人们天生的相貌不一定与个性相关，但是在文学作品中常常如此。

里蒙-凯南指出，自从有了叙事小说，人物的外貌就常常暗示该人物的性格。即使在现代，人物外貌与个性之间的提喻关系也是许多作家刻画人物的有力手段。

里蒙-凯南认为人物的外貌应该做如此区分：一是其外貌特征不在该人物所能控制的范围内，如身体高度、眼睛颜色、鼻子长度等；二是人物可以自主选择具有什么样的个性特征，如发型、服饰等。

凯南的上述区分固然有一定合理性，但是我们觉得，两者的区分不是绝对的。在一些情况下，这两种特征都可能暗示人物的个性，这要视具体文本而定。间接外貌描写的两种手段，即细节积累和对这些细节的语言学修饰，都可以在我们的分析框架中得到解释。细节的积累是叙事学的典型特征之一，而对于该细节的修饰词则可以用文体学的方法来分析。

行为包括两类：一类是习惯性行为，也就是那些可以解释人物恒定不变的性格的行为，通常会产生滑稽的或反讽的效果，比如人物总是在某种不合适的场合固守某个习惯的行为，可以把这类习惯性的行为叫作"重复性行为"；另一类是性质相似性行为。重复性行为是指叙事细节的重复、积累，而性质相似性行为则可以诉诸系统功能文体学的方法来解释这些行为暗示的人物性格特征。及物性分析就是最典型地分析这种相似性质的行为、揭示各个人物性格特征的方法。

至于人物的言语，叙事学家对其表现方式颇有研究，尤其是对人物言语的不同表现方式。人物言语内外的语言学特征可以用文体学的方法分析。如凯南所说，当人物的语言很个性化，与叙述者的语言有明显区别时，言语的形式和文体是一种极为常见的人物刻画方法。言语的文体特征可以表明人物的出身、住地、所属阶级或所操职业。对人物话语的文体学分析可以使读者认识到该人物的方言特征，但是，如果所有的人物都说同一种语言，不管他们的语言是标准的还是非标准的，相对而言，其文体价值不是很大。现代小说家多擅长模仿人物的个性化语言，以此作为揭示人物个性的一种手段。文体学的方法不仅可以单独分析一个人物的言语，还可以分析对话。对话通常被视为多声的言语，话语文体学的分析方法对话语结构的分析可以解释人物话语的含义。

上面提到，分析人物言语的方法也可以被用来分析人物的思想，尤其是意识流小说出现以来，表达思想的语言更趋个性化。因为言语与思想都与视角这个现代小说中的重要技巧紧密相关，所以在后文中单独讨论现代小说时会对它们详细解释。

关于人物刻画的手段，仍须一提的是叙事作品对人物的命名方式。当叙事作品中出现对不同人物的不同命名方法时，可以观察其对主人公的指称方式，是用代词、专有名词还是用各种确切的描述，这些通常可以揭示一个外在的叙述者或是作者对他们的不同态度。叙事作品中对人物不断变化的指称方式可以起到不同的作用。比如，在亨利·詹姆斯的小说《门生》中，对人物不断改变指称可以用来描述人物不同方面的特征。

2. 地点／背景

巴尔在书中区分了故事和话语层面的不同背景概念。她认为，在原则上，地点是在地图上标示出来的，比如一个城市或河流的地理位置可以在地图上标出。地点的概念与物理的、数学的可以衡量的空间形状相关，然而空间则是人物观察到的地点。图伦也提出了两类背景概念。其中一类是传统的、常见的背景，通常仅仅作为故事和人物的背景。但是，在许多现代小说中，背景可以是工具性的，它像一个人一样，指引着某个人物按某种方式行事。这种伴有生气的、有象征意义的背景，或是在作品中直接交代，或是通过一些带有生气的动词、名词、形容词、副词以及其他短语间接描述。在《菊花的幽香》中，劳伦斯应用很多与人有关的形容词描述自然，比如"螺纹状的平地、破损的白菜、散乱的水红菊花"等。在对环境的描写中也出现了一些有生气的动词，比如"似乎要把琉璃瓦屋顶抓下来，像挂在灌木丛上的粉红色的布"等。福克纳在《八月之光》中对乔所处的环境的描述就是一个很好的例子。与乔所遭受的冰冷的、非人的虐待相对应，他所处的自然环境也是充满敌意的。在福克纳的笔下，乔的家是这样一幅情景："似乎在月光之中，屋子也带有了某种人的特性，充满威胁和欺骗。"

除了形容词，拟人化的背景也可以通过一些特别的句子结构来实现。比如说，当背景成分在及物或不及物从句中做主语，而该句却没有提及常规的行为者——人物，这种（把背景成分置于主语的）结构便给背景成分赋予了一种拟人的色彩。不管背景是不是一种静止的背景，为背景赋予拟人色彩的形容词、名词、副词、动词以及句子结构都是文体学的研究对象。这种有生气的自然环境与主题表达的关系通常较为密切，因此暂时把这种环境称作相似主题的环境。

3. 事件

叙事中对事件的处理更复杂，因为从故事层面到话语层面，事件要经过细节的充实、语言的修饰和时间技巧的处理。对前面两项，人们可以采用分析人

第六章 新闻翻译的叙事建构策略

物和环境的方法。说起添加的事件，有人可能会不同意这个说法，因为在大多数情况下，很难在查特曼区分的核心事件和卫星事件之间划清界限。在很多叙事作品中，卫星事件的积累可以使叙事向一个方向发展，尤其是在现代，叙事作品更崇尚开放性和不确定性，所以很多核心事件被分解成为卫星事件。

就事件而言，人们比较关心的是对同一个事件叙述的不同版本，不管是外在叙述者与人物叙述者讲述的不同版本，还是由两个或两个以上人物叙述者讲述的不同版本。如果同一个事件的不同版本在叙事中所占的篇幅较大，那么它们可能会构成多层叙事。对于这种多层叙事，叙述文体学的方法都可以派得上用场。对事件描写中所应用的名词、形容词、副词等的叙述文体学分析和前面对人物、环境描写中的类似现象分析相似，这里不再赘述。

就事件从基本故事层面到叙事话语层面所发生的变化来说，重点是时间技巧。用特殊的时间技巧来安排事件可以使原本平淡无奇的事件展现出新的面貌。我们采用热奈特区分的几种时间技巧，即时序、时长和频率，但用速度代替时长，因为比较而言，速度这个概念更容易被读者理解。针对时间技巧，要探讨的是文体技巧如何与宏观的时间结构呼应来表现主题思想。换个角度说，就是要展示微观的文体分析是如何与叙事学分析互补来分析时间技巧的。综上，从基本故事层面到叙事话语层面，事件所经过的加工处理，如图 6-1-7 所示。

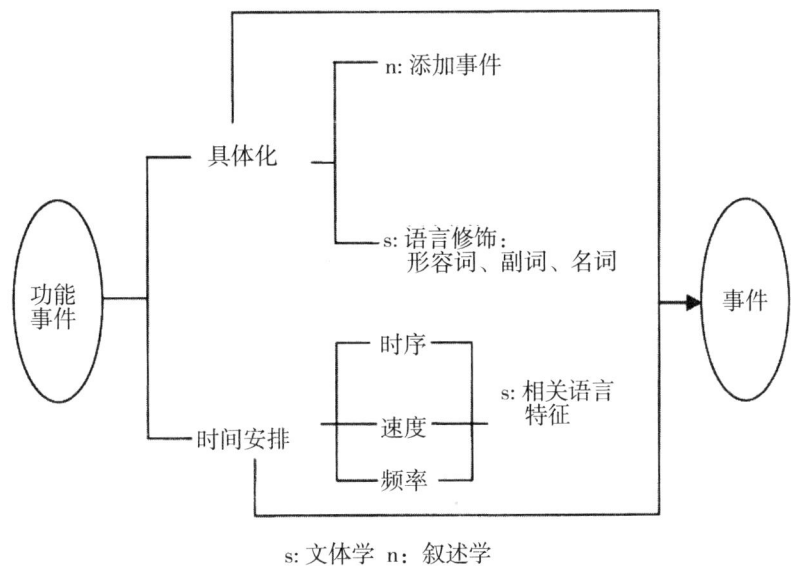

s: 文体学　n: 叙述学

图 6-1-7　事件所经过的加工处理

(四)新闻叙事结构探讨

1. 新闻叙事表层结构分析

迪克的新闻语篇分析理论指出,针对新闻语篇可以通过新闻图标进行结构分析。让我们来看看新闻文本的叙事结构,新闻文本作为一种常见的文体,呈现出相对固定的叙事结构。本部分主要探讨消息类新闻的叙事结构。一般来说,新闻图示是新闻的常规形式和范畴,由五部分组成,即总结/概述、主要事件、背景、后果和评论。

(1)总结/概述

总结包括两个子类,即标题和导语。其通常位于新闻报道的第一部分,用于总结新闻报道的主要事件,具有引人注意、开门见山等作用。从认知角度来看,总结/概述让观众能够以宏观角度把握叙事文本的主题。我们看下面的例子。

标题:中国远征军老兵杨剑达:回家的路走了70多年

导语:"一曲松花江上铁马冰河成追忆,百年梅州屋老古树旧巷慰离人。"梅州市金山东街村围龙屋门上的对联下,走了73年的杨剑达终于回到家。

概述主要分为两类:一类是消息文本中常见的,概述了文本的主题;另一种在传播文本中很常见,它提炼新闻故事的要点和细节,给人一种耳目一新或娓娓道来的感觉。

我们在这里需要关注标题的构建。新闻标题是新闻报道中最引人注目的部分。小说、学术作品、电影以及其他文本和视觉作品的标题通常被译者用来构建或重构叙事。译者在新闻报道的翻译过程中经常对新闻标题的叙事进行重构,形成不同于原标题的叙事焦点。

另外,导语作为新闻主体的概括,应做到准确和简洁。英语新闻的导语通常浓缩为一句话,长度从25个词到35个词不等。

(2)主要事件

主要事件在导语之后,成为新闻报道的主要部分。它由原因、成分、结果和其他因素等组成。它是新闻报道中新闻事件的主要信息。例如:

主要事件1:杨剑达,一位中国远征军的老兵,已经离家几十年了。他因战争失去了家人。2004年,他终于与哥哥再次建立了联系,并于2011年从缅甸回到了家乡。

主要事件2:抗日战争胜利后,杨剑达留在缅甸。他和中国远征军的一些老兵在国外工作并结婚。

如果说标题和导语是新闻的精华所在，那么主体部分便是新闻故事的详细展开。主体部分应当在有限的篇幅中涵盖与新闻主旨联系最为紧密，并且目标读者较为关注的信息。同时，为了符合英语新闻稿的行文规范，编译新闻主体部分时，应按照"倒金字塔"顺序对新闻材料进行排列。

新闻主体是新闻的展开部分，应满足以下要求：材料紧扣主题；写作层次分明；使用短段落，一句一段，一段一层意思。在实际翻译过程中，笔者发现许多新闻报道主体篇幅较长，信息杂乱，究其原因是原新闻稿中存在大量套话、过于具体的信息以及原文作者对新闻事实的主观评价等。这些妨碍外国读者阅读的内容都属于冗余信息，若字字翻译到位，容易造成译文冗长、重点缺失。

（3）背景

新闻报道的背景可以分为两类，共同构成新闻事件的"情境"。一是当前的背景，即新闻事件发生的环境；另一个是过去的背景，即过去的事件或历史传统的追溯，它可以作为解释新闻事件起源的补充。

例如：

背景1：2011年中秋节前一天，云南开办了"忠魂归国"仪式。在缅甸华侨的护送下，19位抗日战争时期在缅甸作战的中国远征军的遗骸被运回祖国，安葬在昆明国殇墓园。

背景2：中国赴缅抗日持续了三年零三个月。中国投入40万兵力，伤亡惨重。

新闻叙事文本中背景的主要功能是展示人物的环境，为主要事件和情节的发展铺平道路，使人物的行为有理由遵循，促使氛围得到一定程度的渲染，使文本结构更加自然、流畅。由于受众对新闻报道文学性要求的提高，一些新闻叙事文本隐藏了背景，如运用草蛇灰线法。

（4）后果

后果一般指重大新闻事件引起的后果，由行为反应和语言反应组成。例如：

结果1：杨剑达从缅甸返回家乡梅州麻子岗，受到志愿者和村民的热烈欢迎。

结果2：杨剑达在缅甸做了各种艰苦的工作来谋生。杨剑达的八个孩子会说汉语。

作为新闻叙事文本的重要组成部分，后果是不可或缺的，需要与主要事件相对应。它并不总是放在文本结构的最后。有时，它包含在总结/概述部分，这是直截了当的，或者它可能分散在整个文本中。

（5）评论

评论不仅可以是记者本人对报道的新闻事件的公开评价，还可以引用当事人、专家等的话来表达自己的观点。

评论1："我父亲是一名真正的中国士兵。"杨玲玲说。

评论在早期新闻报道中占据很大比例，大多直接表达作者的感受。目前，一般新闻报道在评论上更为克制，大多通过他人的"言语回应"来表达观点，更加客观、公正，突出了记者的专业性。

2.新闻叙事深层结构分析

迪克对新闻报道的微观结构分析是基于新闻叙事文本本身的。同时他还借助对新闻叙事文本深层结构的研究，如修辞、语言、风格等，探讨新闻叙事文本。

（1）修辞

新闻语篇中的修辞与文学语篇密切相关，新闻语篇中常见的修辞手法有隐喻、拟人化等。成语、名言、俗语的使用也在一定程度上促使新闻文本的表达更加生动。例如，《"金孔雀"，请你归航！》将故事中的女主角、女飞行员余旭与"金孔雀"进行了比较，这表明了对她的钦佩。"孔雀"也与飞行和凤凰涅槃的概念相吻合，具有深远的意义。

修辞手法的灵活运用，不仅能生动形象地表达较为模糊的概念，充分将新闻传播的功能发挥出来，而且能更好地完成情感表达，使文本的可读性得以增强。

（2）语言

由于国际传播的需要，中国新闻奖国际传播类奖项获奖作品语言多样，一些表达特定内涵的专业术语或名词会出现在文本中。就语言而言，主要分为汉语、英语、少数民族语言和其他外语。世界上以汉语为官方语言的国家较少。

（3）风格

新闻风格化叙事的目的是借助叙事文本的文学性来提升传播效果。例如，中国新闻奖国际传播类奖项获奖作品的叙事风格多种多样。根据叙事文本的主题、修辞和呈现效果，可以将其分成五种风格，即诗意化、通俗化、史诗化、官方化和传奇化。

通过分析这些叙事因素，笔者发现，译者应该根据"故事时间"来构建相应的"话语时间"，整合中外叙事视角，连接中外叙事结构，以符合叙事接受者的接受习惯，更好地进行叙事传播。

第二节　时空建构与文本素材的选择性采用

一、时空建构

译者在新闻翻译活动中，能够借助叙事时间的转换和叙事空间的重构来实现文本的时空建构，避免对原文的明显干扰，实现积极建构叙事时空的目的。

学者都热衷于对叙事时间的探讨，忽视对叙事空间的探索。然而，空间和时间共同构成了一个事物的存在，所以完备的叙事学的研究不能只关注时间维度而忽略空间维度。学者认为，虚构空间和叙事空间是一种艺术技巧，虚构在于其叙事内容是不同于客观事实的主观的、精神上的构建。艺术技巧是指将其叙事方法空间化的艺术手段，作者总结叙事空间即叙事文本的构建。关于新闻翻译叙事时间的转换，我们在本章的第一节中已经有所论述，下面我们来重点说一说叙事空间的重建。

（一）理解空间形式

要理解空间形式，需要澄清其与时间顺序的关系。在叙事学的发展史上，学术界对时间顺序与空间形式的关系有过一些不同的理解。有些学者认为时间顺序是叙事的最高原则，而空间形式是可以忽略的。弗里德曼就指出了叙事学界重时间技巧、轻空间形式的这一特点，他认为，尽管巴赫金在20世纪二三十年代一直坚持空间形式与时间形式一样是叙事的构成成分，但从利科、热奈特到布鲁克斯等叙事学家，把叙事话语和叙事看作人类的一种认知方式时，对空间或者闭口不提，或者完全不予考虑。

热奈特的叙事学名著有三章都是用来探讨叙事的时间维度的，他对于叙事话语的研究几乎完全没有考虑到空间。利奇对叙事和非叙事的区分也是完全依靠时间性，并指出，大多数叙事学家都认为，把《麦琪的礼物》这样的叙事作品和《自立》这样的非叙事作品区分开来的标准是叙事中是否表现了一个叙述的世界，其中观众按照时间顺序观看事件。

另外一些叙事学家的观点则与此相反，认为空间形式是时间性的替代物，尤其是在现代叙事小说中，时间性已经完全被空间形式取代。对这一点，我们不敢苟同。说空间形式在现代叙事小说中已经完全取代时间性恐怕是走了极端。空间形式在现代叙事小说中的凸显主要是源于现代小说家对现实和时间性的重新认识。他们认为，时间性不足以表现万花筒似的现代社会。同时，现代作家多喜欢运用象征手法，而象征更容易由空间形式来实现。但是，在具有空间形式的叙事作品中，时间性并没有消失，其以这样或那样的面貌存在于其中的独立叙事中。不管一部叙事作品呈现出怎样的空间形式，时间性都不是完全不存在的。所以，应该说，时间性在现代叙事小说中不再是最高准则，而是常常与空间形式共存。比如，现代小说在对时间的处理上与其后的后现代小说是有很大不同的。虽然现代小说家也拒绝遵循传统小说家提倡的现实时间顺序，但他们没有完全摒弃叙事的时间性。评论家一致认为，如果说后现代小说家宣称要把时间顺序打成碎片，那么，在现代小说家的作品中，读者还是可以理出事件的时间顺序的。时间顺序并没有被彻底忽略，而是为表现特定主题被转变成其他的形式。总之，时间顺序并没有被空间形式完全替代，而是后者的选择性补充。

在现代叙事中，作家努力打破传统的所谓现实时间顺序。这样做的结果，是叙事作品中的空间形式被突出了出来，成为表现主题的主要技巧形式。不过，打破传统的时间顺序并不一定造成空间形式的突出，它还可能造成时间的扭曲。在一部叙事作品中，究竟应该分析反常规的时间顺序，还是空间形式，要以作品的具体情况及其表现的主题来定。

如上所述，除了纳什分析的相似主题的空间形式，空间形式也可以由以意识流结构取代情节结构、双重或多重叙述角度、多重情节线索的并列对照、拼贴画或多重视角构成，用来表现多元的现代社会。在对空间形式进行分析时，遵循的原则仍然是前景化原则。

视角也可以让叙事作品呈现出某种形式特征，但相比较而言，在这类叙事中，视角比其形成的空间形式对表达主题和刻画人物更有价值。也就是说，视角是作为视角本身，而不是其形成的空间形式，且更有价值。在这类叙事作品中，人们通常会分析视角技巧，而不是相对次要的空间形式。所以，通常不分析由多重情节、多视角或拼贴画形成的空间形式。

除此以外，空间形式还有一些特殊性。读者只有在读完作品，把作品当成一个存在于空间中的整体，而不是在时间中存在的一系列词汇时，才能发现叙事作品呈现出的空间形式。利奇认为，读者通常从把故事当作游戏变为把故事当作模式来体会。读者在阅读过程中对叙事的这种感悟体现出叙事时间相继性和整体性的双重特征。也就是说，读者只有按照时间性线性阅读完叙事作品，把作品当作一个整体来回想时，作品的空间形式才会浮现出来。所以，相比于其他的技巧，对空间形式的觉察需要读者付出更大的认知努力。

第六章 新闻翻译的叙事建构策略

既然对空间形式的发现需要读者付出很大的认知努力，那么不同的读者很可能会被叙事的不同部分、不同特征所吸引，因而在同一部叙事作品中发现或构建出不同的空间形式。在这种情况下，人们只能依据作品整体来判断该空间形式是不是对表现主题有意义。笔者反复以《八月之光》为例，这本身就说明同一部叙事可能会呈现出不同的结构特征，包括不同的空间形式。不同的结构特征可能会揭示出作品中各个不同方面的意义。只要该结构特征与叙事作品的整体或其他技巧，特别是文体特征相融合，它就是合理的，因而是可以接受的。这再次说明文体特征可以作为验证空间形式有效性的有用工具。换句话说，如果读者对叙事作品中的某些文体特征的分析与对叙述形式的分析相互一致，或相互补充，或相互解释，那么这种叙述形式的描述和分析便是合理的。

接下来仍以《八月之光》为例，分析其中的空间形式，以期说明空间形式与文体特征的相互依赖性。

如前所述，福克纳在《八月之光》中追求的不是整齐的机械统一体，而是由各个片段呈现出来的独特的、千姿百态、天然成趣的画面。故事主要分两条平行线索：第一条线索是关于乔·克里斯默斯的悲剧性故事；另一条线索是关于莉娜·格鲁夫的喜剧性故事。这里，我们在《八月之光》中选取从乔第一次出现在杰弗生镇到乔被杀的这一部分语料，大致从第二章到第十九章，中间偶尔插入其他人物的故事。分析这部分语料有利于揭示该小说的主题意义。另外，该语料还有力地证明了空间形式和文体特征之间互动互利的关系。读者将会看到，对语料中空间形式的觉察和分析是不能离开对相关文体特征的发掘的。在很大程度上，该空间形式是由被前景化的文体特征构建起来的。叙述文体学的研究与先前的研究最主要的区别就在于它强调宏观和微观这两种技巧的互动，强调互动揭示出的更深层的主题意义。

（二）新闻翻译中的空间重建

利用空间重建可以有效凸显文本内容叙事的独特性，通过将叙事文本与不同时空语境的联系，引导读者发现叙事内容与现实生活的联系。如《吕西斯特拉妲》原本讲的是在古希腊两个强大的城邦，即斯巴达和雅典为了争夺霸权而爆发了伯罗奔尼撒战争。当时的希腊妇女为了结束战争，团结一致，攻占金库，最终迫使男人们放下武器，和平解决冲突。2003年3月3日，在全世界59个国家，人们将古希腊著名剧作家阿里斯托芬的喜剧《吕西斯特拉妲》搬上舞台，目的是通过这一经典剧作来表达世界人民对美国入侵伊拉克的抗议。

这是一个典型的时空构建，翻译之后的古希腊作品在不同的国家和地区传播，宛如人们穿越千年时光隧道，在不同的历史语境中唤起参与者及观众的共同联想。

当然，时空建构不仅仅指选择某一文本，还可以指选择某些历史事件、历史人物、个人经历甚至是话语，将其翻译置于另一个时空语境中，从而引导读者将它与现实生活中的叙事联系起来，以凸显其特殊的现实意义。在我国对外宣传中，领导人也经常利用时空构建，把历史事件置于当时的时空语境，从而使该文本的叙事在新的历史语境中具有现实意义。

二、文本素材的选择性采用

（一）什么是文本素材的选择

有选择地使用文本材料意味着译者有意识地选择要翻译的文本、作者、语言和文化。蒙娜·贝克认为对文本材料的选择性使用主要集中在文本内部的选择性使用上。它是指有选择地使用文本材料，通过省略和添加，以强调或解释原文本或更高层次上隐含的叙述的某些方面。

笔者认为，文本材料的选择性使用在新闻翻译中不仅要包括省略和添加，还包括选词和改写。在许多情况下，译者不逐字翻译原文。他们通常采取上述方法来强调或解释原文的某些内容，从而恰当地传达原文，达到最佳的传播效果。尽管文本材料的选择性采用考虑到了受众，但更多的时候是为了保持原文的价值观和意识形态，并与另一方展开叙事竞争。

可以说，译者在翻译过程中的选择性建构并不是随机的：省略、增加、强调和抑制都反映了意识形态的操纵。在这种操纵下，中国译者积极发挥主观能动性，采取准确选词、加词、省略、及时改写等选择性手段，以更好地传达我们的叙事话语，在国际社会和西方叙事话语之间展开叙事竞争。

（二）具体的策略分析

1. 新闻报道素材的选择

叙事的时间性特征要求叙事者在阐述事件时，要按照"正确的"叙事顺序，合理叙事，而叙事者可以在不干预文本本身的前提下，通过采用时空建构这一叙事策略实现该目的，即叙事的建构建立在一定的评判标准基础上，然后有选择性地采用一系列事件或元素构成叙事。因此，叙事者可以有选择性地采用文本素材，从而实现对文本的干预，突出源语文本的叙事目的。

例文：Olympics in bright red spots: What is cupping？

译文：奥运名将都爱拔火罐。

分析：众所周知，拔火罐起源于中国，是中国医学领域宝贵的遗产。现在它已经走向世界，受到著名奥林匹克运动员的喜爱。该新闻材料的选择不仅符合新闻报道"奥运会"的主题，也让读过这篇新闻报道的中国读者感到兴奋和自豪。

2.新闻报道词的替换

新闻报道词的替换经常出现在新闻标题中。新闻标题是整个新闻报道的焦点。我们只有用突出的焦点才能吸引读者的注意力。同时，对新闻标题的理解是下一步阅读新闻内容的关键。但是，要正确掌握英语新闻标题并不容易。由于省略在英语新闻标题中经常出现，为了节省新闻空间和吸引读者的注意力，所有无意义的虚词都会被省略。在新闻标题的汉译中，译者可以采用选择性使用文本材料的叙事策略，通过在新闻标题中省略或添加一些词语来强调或复述原文的叙事。

例文：Alibaba in $1bn push to copy Amazon cloud success

译文：阿里巴巴：未来三年向云计算投入 10 亿美元

分析：该新闻标题省略了原文"to copy Amazon cloud success"。根据《牛津高级英汉双解词典》，"copy"一词指的是复制某物。然而，从文本内容"as it seeks to emulate the exponential growth of rival Amazon in the sector"来看，"emulate"呼应了"copy"一词，这个词的含义比"复制"更广泛，具有"试图追赶和竞争"的含义。因此，这与标题中阿里巴巴的措施背道而驰，后者被刻意认为是在复制亚马逊云计算的成功之路。因此，在翻译过程中，译者有选择性地省略了标题中可能与事实不符、轻视企业的信息内容，增加了文中提到的阿里巴巴拟采用的具体投资计划，并希望通过强调原叙事中的具体数字来有效抑制负面叙事内容的传播，从而实现对新闻事实的强调。

3.新闻报道句子的转换

新闻报道句子的转换，即对文本进行省略或添加，以突出叙事者的叙事立场，实现具有新闻价值内容的快速传播。

例文：US environment agency faces threat of lawsuit for ignoring shale boom quakes

译文：环保组织威胁起诉美国环保局

分析：美国凭借其完善的设备和先进的技术，利用水力压裂法从油页岩中分解释放页岩油和页岩气。这在一定程度上缓解了人类的能源危机。然而，这种做法使页岩中出现局部断层，使地震活动区容易发生地震，这引起了环境保护组织的注意，并指责美国环境监管当局监管不力。

在中文翻译中，译者选择能够突出新闻叙事重点的内容，而忽略其他次要叙事内容。其采用改变顺序的翻译方法，将译文放到新的叙事结构中，改变句子结构，增加实施者"环保组织"，省略叙述主体起诉的具体原因。从全局来看，不仅强调事件的严重性，还间接拔高了事件的高度，以期引起相关部门的关注，提升新闻传播的价值。

第三节 标示式符号建构与参与者的叙事再定位

一、标示式符号建构

任何用于指示或识别叙事中关键要素或参与者的符号都提供了一个解释框架，以指导和限制我们对当前叙事的反应。贝克持有的观点是，加标记是一个话语过程，也就是叙述者通过不同的词、短语等识别人物、地点、群体、事件和其他关键因素。鉴于此，在政治和商业中，委婉语的使用才屡见不鲜。例如，"慰安妇"一词就是日本帝国主义发明的，指"二战"前和"二战"期间被迫向日本士兵提供性服务的妇女。

在翻译上述委婉语时，译者往往自满于他们的创造力，但有时忽视了他们所处的政治和社会环境。鉴于委婉语在政治中的滥用，政治活动家使用反命名，以削弱其影响力。

相反的命名系统广泛存在于世界交流中，从国名翻译到地名翻译均有所体现。同一姓名的不同翻译不仅是地域的问题，而且代表着一种政治和社会立场以及对其他立场的否定。在中国的新闻翻译中，在领土命名和涉及中国与其他国家争端的翻译方面，译者"有责任保卫自己的领土"，有义务和责任发挥独特的作用，让世界听到中国的声音，在叙事话语中与其他国家竞争，有效维护中国的领土和主权完整。应该提到的是，新闻译者在宣传中可以根据受众和具体情况调整翻译。

在符号的建构中，无论译者是选择反对的命名体系还是使用标题建构，实际上，他们大多是基于我们的意识形态或价值观提供一个叙事框架，以引导外国叙事接受者更好地阅读、理解甚至接受对我们有利的叙事话语，并对相反的叙事话语进行抵制。这种做法是否能达到最佳的传播效果，译者并不清楚，但作为赞助人委托的专业人士，译者必须在这方面站稳脚跟，切实维护国家利益。

二、参与者的叙事再定位

以叙事的关联性为基础，通过叙事重新定位翻译活动参与者、读者和听众之间的位置关系，就是参与者的叙事再定位。通过重建译者与原文之间的关系，译者可以缩小或拉大目标文本与读者之间的距离。在新闻翻译中，为避免给译文增添太多的情感，译者往往采用一些翻译策略，将自己独立于叙事场景之外，为读者建立一个相对客观公正的叙事视角。

（一）语域变换的叙事方式

语域，就是指在不同的交际场合，为了达到特定的交际目的，说话人使用特定的语言。它能有效地将语言形式与说话人想要表达的交际目的联系起来。所以语域转换也是新闻报道中常用的一种叙事方式。

例文：To end the refugee crisis, we need more than grief. We need to see we're broken

译文：英媒：结束难民危机，我们需要清醒应对

分析：2011年年初，叙利亚爆发内战，国家不稳定，人民流离失所。迫于对极端恐怖组织的恐惧，数以千计的叙利亚人离开家乡，逃到欧洲寻求庇护，成为难民。尽管叙利亚难民事件由来已久，但直到最近，一个叙利亚男孩在海滩上死亡的残酷画面唤醒了人们对事件严重性的认识。可见，叙利亚难民问题日益严重。

这个例子的字面意思可以理解为"为了结束难民危机，我们除了悲伤以外，还需要看到破碎的心"。原文的叙述者从局外人的角度分析当前的难民问题，表达了叙述者对难民事件的深切同情。然而，在翻译成中文时，译者巧妙地改变了叙事语域，并从第三方英语媒体的角度传达了新闻内容，明确指出了新闻报道的来源，使新闻报道的真实性得以提高。此外，译者还为后来的叙事活动增加了一个叙事主题，表明英国媒体呼吁人们采取积极行动，共同面对这个问题。

在上面的例子中，译者适当添加了新闻内容的来源。在翻译中，添加新闻报道的来源往往在一定程度上意味着译者的中立立场，而译者的主要目的是帮助读者弄明白新闻报道的信息来源，使其站在一个相对更客观的立场上。为了不增加更多的情感因素，保证新闻报道的客观性，译者往往从第三方的角度报

道原作者的观点，把所谓的事实留给读者去思考和判断。

语域转换的叙事模式通过重新调整源文本内部和外部参与者之间的关系，为读者构建了一个新的叙事环境，使源文本与读者之间的距离更近。

（二）主语变换的叙事方式

主语是新闻叙事的主体。只有当读者了解新闻主体时，他才能在脑海中构建一个完整的叙事框架。所以说，主体转换的叙事模式可以作为实现英汉新闻翻译过程中参与者叙事重新定位的又一有效手段。

例文：Many suspects behind murderous markets

译文：谁该为全球市场动荡负责？

原句中叙事的主语为"many suspects"，然而结合正文内容"at least 12 suspects are being named. The most worrying thing of all is that they all had a hand in the sell-off"可以知道，每个人都可能对全球市场动荡负责，而不仅仅是原文中列出的12名嫌疑人。通过采用主语变换的叙事手段，译者重建了参与者的再定位，缩短了文本与读者之间的距离，并呼吁大家积极应对全球市场动荡。

在英译汉新闻过程中，译者可以借助语域变换和主语变换的叙事方法，重新调整源文本内部和外部参与者之间的叙事关系，从而达到参与者叙事再定位的目的。

第七章　叙事学视域下新闻翻译的实例

本章对于新闻翻译的一些实例进行了分析。主要分为两节，第一节对于一些新闻案例的背景进行概述，第二节对于一些新闻案例进行分析，希望可以促使广大读者了解叙事学视域下的新闻翻译。

第一节　相关新闻作品的背景

一、面向东盟的新闻报道汉英翻译的背景

目前，国际读者对于中国的了解大部分来自西方媒体，这一比例达到68%，10%的读者通过其他国家了解中国，只有22%的观众通过中国媒体认知中国。在经济全球化的背景下，国际传播模式呈现出"西强我弱"的趋势，中国的话语影响力依旧不大。

就规模而言，中国应该属于一个传媒大国，但尚未形成一个在世界上更具影响力的国际传媒主体。可以说还没有形成一个被国际受众认可的独立的话语体系。因此，媒体要以传播效果为导向，坚持"讲好中国故事"的理念。作为一名中国译者，应该懂得用国际读者可以接受的语言讲述中国的故事，增强中国的软实力和国际竞争力，以促使中国的良好形象在国际上得以建立。

基于此，借助叙事理论，笔者主要对中国日报、新华社等国际英语媒体的东盟新闻报道及其中文新闻文本开展比较分析。分析同一新闻中英文报道在叙事时间、叙事视角和叙事结构上的异同，探讨译者在翻译过程中如何借助一定的叙事策略来促进中国良好形象的建立。

二、高校学生翻译案例的选取

我们需要认识到，高校是培养翻译人才的重要通道。一个国家或地区整体

软实力提升的一个重要指标是它是否创建了高水平大学。鉴于此，很多国家重视推动高水平大学建设，使其成为国家高等教育强国的主体。2015年10月，我国颁布了《统筹推进世界一流大学和一流学科建设总体方案》。

现在，一些中国高校开始关注学校网站宣传新闻的翻译，旨在通过网络平台，高效、清楚地向世界宣传我国学校教育发展的成果，促进学校良好形象的建立，也促进学校国际影响力的提升，这样才能将更多的外国学者和机构吸引过来进行交流合作。但是，事实上，英语新闻在高校中的宣传效果并不理想。这是因为译者普遍采取的做法是不对中文新闻稿做任何编辑处理，而是直接将其翻译成英文进行对外传播。这会导致外国读者无法适应和接受这种新闻报道的内容选材和行文方式，也就达不到理想的宣传效果。

作为中国高等教育实力最雄厚的城市之一，上海紧抓"双一流"建设这一重大历史机遇。上海高校推出的新闻稿英译项目所涉及的新闻语篇不仅具有一般新闻文本的特点，包括标题、导言、主题等一般新闻的基本要素，同时也具有国内校园报道的独特性。为此，笔者以其为案例进行相关的分析。

第二节　相关新闻作品的分析

一、面向东盟的新闻报道的汉英翻译分析

在我国面向东盟的英文报道中，跟原中文的新闻报道相比，也存在时空建构。

例文：11月22日，以"青春东盟·欢乐海南"为主题的第二届中国—东盟大学生文化周在海南省国际会展中心开幕，来自中国、韩国和7个东盟国家的15支高校艺术团参加活动，以促进中国、东盟国家的大学生文化教育交流，弘扬各国各民族传统文化，此次活动也是第20届海南国际旅游岛欢乐节的主体活动之一。

……

据了解，本届文化周为期一周，将举办中国—东盟大学生艺术展演、大学生创意短视频大赛和中国—东盟青年文旅交流体验等活动。艺术展演将于11月23日至25日分别在海口环球100影城、儋州市和海口经济学院三个分会场举行；闭幕式暨创意短片大赛颁奖盛典将于11月26日在海口经济学院大剧院举行。文化周期间，参加文化周的高校师生将分别前往省博物馆、海口骑楼老

街、儋州东坡书院等地体验海南特色风土人情，了解海南历史人文，并与海口、儋州等地的大学生进行交流。

……（海口经济学院 2019 年 11 月 23 日报道：《第二届中国—东盟大学生文化周在海口开幕》）

译文：HAIKOU, Nov.22（Xinhua）- Students of 15 college art troupes from China, the Republic of Korea and seven ASEAN member states gathered in south China's Hainan Province for a culture week.

The second China-ASEAN University Students' Culture Week kicked off in Haikou, capital of Hainan Province, on Friday, covering art performances featuring distinctive national culture, a creative short video contest and visits to scenic spots in Hainan. The culture week will last until Nov.27.

…

The culture week is part of the 20th Hainan International Tourism Island Carnival, which is held from Nov. 22 to the end of the year and includes a wide range of events such as a leisure travel expo and a food festival.（新华网 2019 年 11 月 22 日报道：China-ASEAN University Students' Culture Week kicks off in Hainan）

由于篇幅限制，笔者删除了这两篇新闻稿的部分内容。中文新闻原文 1283 字，英文新闻原文 179 词。通过比较两者的篇幅，我们可以了解到，原中文报道是一篇更详细的报道，而编译后的新闻报道则省略了很多细节。

针对上述新闻的中英文译本进行对比，读者能够了解译者在翻译原中文新闻报道的过程中重构了时间和空间。从标题上看，中文新闻中的地点表达是"海口"，英文表达是"海南"。在汉语语境中，读者很容易理解海口的地理位置，但在目的语语境中，目的语读者对海口地理位置的认知不同于中国读者，大多数目的语读者并不理解海口的地理位置，因此，译者对新闻中的空间进行了重构，并从中进行了扩展，将"海口"改为省名"海南"，方便读者理解。

遵照中国叙事思维开展叙事，是中国"由大到小"思维的体现。西方人有不同的思维方式。此外，英语是一种主语重要的语言，需要突出显示的信息一般被放在句子的开头。所以，译者在编写面向东盟的英文报道的导言时，首先表达人物，然后根据语法表达地点，之后表达事件。通过这种调整，一方面使新闻稿符合英语新闻的写作习惯，另一方面重构了原文的时空。

在这则新闻的叙事结构方面，中国新闻按时间顺序逐一描述了领导人的讲话、每一个节目表演的细节、文化周的持续时间和举办地点等。然而，在翻译时，译者并不按照原来的时间顺序，而是在时间和空间上构建新闻内容，压缩和提炼内容，提取主要内容作为新闻介绍内容的补充，并向目标语言读者呈现文化周的开幕时间、地点、内容、持续时间、简要背景等，这些都是目的语读者更关心的内容。翻译流畅简洁，使读者能在短时间内理解新闻概述，而不会增加不必要的阅读负担，有利于突出活动的举办，不会因为太多与外国读者无关的细节而冲淡新闻的主要内容。

中国国家形象的建设在当今的时代背景下显得尤为重要，新华社、中国日报等中国国际媒体的英文报道对中国国家形象的建设发挥着尤为重要的作用。因此，在面向东盟的中国新闻报道中，译者采取时空建构、符号建构等策略来建设中国形象，有助于促进国家软实力的显著提升。

研究显示，国家形象是可以基于本国的意识形态及国家立场，通过翻译叙事来进行建设的。

二、高校学生的翻译案例分析

（一）减译

减译是指为了实现译文和原文的功能对等，译者可以根据语义需要减少或省略原文中不必要的单词、词组、分句或完整句。由于汉语为单音节语言，英语为多音节语言，在同样字节长度的情况下，中文标题更具备节省篇幅的优势，涵盖的信息远多于英文标题。因此，中文标题能够以详尽全面的方式来揭示新闻内容，而英文标题由于受到篇幅的限制，更倾向于提炼关键词，突出一个或几个要素来概括新闻要点。因此，在将中文标题译成英文时，译者应对原标题进行高度提炼，对可能造成译文冗长的细节信息进行归纳概括，以小换大，或省略在正文中同样出现的内容。

例1：实力领跑！95项成果获上海市第十四届哲学社会科学优秀成果奖

初译：95 achievements from ECNU awarded the 14th Shanghai Municipal Award for Outstanding Achievements in Philosophy and Social Science

终译：95 achievements from ECNU won municipal excellence award

分析：本例中，原标题着重突出的信息是华东师范大学有95项研究成果获市级荣誉这一事实。按原文标题直译，虽一字不差地传递了原文信息，却不难发现奖项名称占据了译文一半以上的空间，译文标题略显冗长，还容易导致读者过多地关注奖项名称，造成信息重点偏离。考虑到目标读者对这一奖项并不熟悉，而标题正是讲究以最精炼的文字快速吸引读者眼球，译者仅需提炼该奖项的核心字眼来吸引读者的注意力即可。因此，笔者认为可将该奖项编译为

"municipal excellence award"，即"市级优秀奖"，令译文标题更简洁直观。

例2：实施"十百千"优质课程建设计划，抓住人才培养的"灵魂"

初译：Launching —Ten, Hundred, Thousand High-quality Courses Program to optimize key talent training

终译：High-quality courses program: key to talent training

分析：与例1类似，目标受众对本例中"十百千"的概念完全陌生，仅靠词汇层面的对等将"十百千"直译为"—Ten, Hundred, Thousand"并不能帮助读者理解原文意思，添加注释或补充说明又会导致标题冗长复杂。因此，笔者认为只需译出"优质课程建设计划"，让读者明白"十百千"的大概所指就可以了。此外，汉语新闻中常见一些与本例类似的省略主语、强调动作的新闻标题，而这类标题在英语新闻中鲜少出现。若将"实施"译为"Launching"，读者无从得知实施课程建设计划的主体是谁，难免会不解。在这种情况下，译者可以考虑省略"实施""抓住"这两个动作，将原文中的宾语作为译文的主语，改句号为冒号，将原文标题编为"优质课程建设计划是人才培养的灵魂"。这种处理方法既缩短了译文，又能让读者直截了当地获取新闻信息。

例3：立德树人　传承精神　追求卓越　投身双一流建设　2018年复旦大学新教工岗前培训举行

初译：Enhancing moral behavior and inheriting spirit in the pursuit of excellence Committed to the Double First-Class Initiative, Fudan held pre-job training for new faculty in 2018

终译：Pre-job training for new faculty held in Fudan in 2018

分析：原文标题首先列举动宾词组，凸显新闻背景与主题氛围，设置悬念，然后点出新闻事件本身。笔者起初认为将岗前培训与其主题相结合能让标题更加全面，因此保留了"立德树人""传承精神""投身双一流建设"等分句。但在参考《习近平谈治国理政》英文版译者的标题英译后，我们可以认识到初译版本存在一定问题。黄友义在谈到如何翻译"做焦裕禄式的县委书记"这一章标题时表示，如果将"焦裕禄"直译为汉语拼音容易令外国读者不知其所指，在翻译时可将这个名字在标题中略去不译，这是因为读者阅读正文时自然会读到习近平总书记介绍焦裕禄作为兰考县委书记的事迹，此时再让外国读者看到焦裕禄这个名字也为时不晚。同样，原标题中"立德树人　传承精神　追求卓越"在正文中有详细的说明，"投身双一流建设"更是本项目中所有新闻报道的大背景，当读者阅读这部分正文内容时自然可以理解其中的含义及其与新闻事件的联系，因此不必在标题中译出。从前后两个译文的对比中可以清楚地看到，未减译的标题不够短小、醒目，重点不突出，而略去正文已有内容后的标题更加简洁、通顺，符合英语读者的阅读习惯，有利于外国读者快速把握新闻主干。

（二）改写

作为一种意合语言，中文行文略为松散，句子之间无明显的衔接，句子内部的逻辑关系彼此独立，需要读者把握整个句子。在参与项目的过程中，笔者发现部分标题信息冗杂，表意不清，为使译文更加清晰明了，译者需要根据新闻正文对原文标题进行改写。

例4：QS世界大学学科排名：香港大学牙医学科连续三年世界第一，中国大陆24个学科全球前20

初译：QS World University Rankings: dentistry at the University of Hong Kong tops the list for 3 consecutive years; 24 disciplines at universities in mainland China rank among top 20

终译：China ranks high on QS World University Rankings by Subject

分析：本标题涉及的新闻报道主要介绍了中国港澳台地区和大陆地区的高校学科在2018年QS世界大学学科中的排名情况。例4中不乏"连续""世界第一""全球前20"等抓人眼球的词汇，是原标题中最吸引读者的内容。然而这部分内容承载的信息量极大，如果直译原文会导致译文冗长，违背标题简洁的原则，而且读者在接受如此复杂且零散的信息时，很难形成整体印象。因此，在翻译这一标题时，笔者认为可以结合正文对原标题进行改写，透过文字表面的细枝末节提炼更具概括性的信息。从字面来看，原标题旨在强调香港大学牙医学科和中国大陆的24个学科在全球排名领先的新闻事实，但从整篇新闻报道来看，原标题希望突出的核心是相比于美国、英国等其他国家，中国高校在2018年QS世界大学学科排名中整体表现亮眼。由此，为了保持译文标题的简洁凝练，笔者认为可以将原标题改写为"China ranks high on QS World University Rankings by Subject"。这样一来，既节省了版面空间，还能避免向译文受众传递零散信息，有利于读者在读完标题后对新闻报道形成整体性的把握。

例5：沪高校公布"双一流"建设方案 复旦要跻身世界顶尖

初译：4 universities in Shanghai release Double First-Class Initiative construction plan as Fudan commits to ranking among world's top universities

终译：Fudan, Tongji, SJTU and ECNU set goals for Double First-Class Initiative

分析：此标题选自《中国青年报》中一篇关于复旦、上交、同济和华师大四所上海高校发布各自建设方案的新闻报道。译者在翻译该标题之前大致浏览了整篇新闻报道的内容，注意到正文分别列举了上述四所大学为实现"双一流"建设方案而拟定的具体目标和措施。由于原文标题的前半句表意模糊，如果按照原标题直译，读者可能会误以为上海所有高校都公布了"双一流"建设方案，与原文意思不符，因此初译时在"universities"前增加了"4"作为数量词限定。但翻译后半句时，由于无法确定与前一句的逻辑关系，只能以"as"作为衔接词，没能明确点出上海四所高校公布建设方案与复旦大学跻身世界顶尖之间的联系。在学习英语新闻写作规范和参考教育部英文网站新闻标题之后，笔者意识到，当原标题表达随意、逻辑不明时，译者不必拘泥于原标题的表达形式，而是可以结合正文内容对标题进行改写。因此，选择将"沪高校"更为具体直观地处理为复旦、交大、同济和华师大四所学校的名称或简称，补充了正文涉及但标题中没有直接体现的内容，并用"set goals for Double First-Class Initiative"将"复旦要跻身世界顶尖"中隐含的信息（复旦未来的发展目标）表达出来。这种基于正文内容改写标题的策略很好地弥补了原标题句式松散、表达随意的不足，使译文标题信息更加完整，语言更加简洁，也更符合英语新闻标题的写作规范。

（三）重组

中文标题讲究文字的节奏感和韵律美，善于重复，多用近义词和对仗结构，以起到强调作用。然而，这很容易导致信息杂糅。对此，尹佳认为在保障核心内容准确翻译的前提下，译者应对不符合英语语言文化表达习惯的修辞与结构进行调整。因此，在翻译这类标题时，译者不应照搬原文中式表达的结构，而是要将标题信息以符合英语语言习惯的方式重新组合。

例6：聚焦学校发展战略，为全面推进"双一流"建设建言献策：青年干部、青年骨干教师沙龙举行

初译：Focusing on SISU's development strategy and gathering advice on promoting the Double First-Class Initiative in all-round manner: salons for young cadres and outstanding young teachers

终译：Young teacher salons for advice on Double First-Class Initiative at SISU

分析：例6中的标题有两处出现了语义重复：第一，原文中提到的"学校发展战略"其实是"双一流"建设的替换说法；第二，原标题区分了青年干部和青年骨干教师，但阅读正文内容可知这两个群体都指学校的优秀青年教师，

直译成"Young cadres and outstanding young teachers"会显得冗余重复，而且"cadre"一词由于过于抽象晦涩，可能会给英语读者带来负面联想。因此，在翻译这一标题时，笔者认为可以考虑对原标题进行信息重组，提炼"青年教师沙龙""双一流建设""建言献策"这三个关键词，省略"聚焦""全面推进"等重复性动词，将原标题编译为"Young teacher salons for Advice on Double First-Class Initiative at SISU"，更易于目标读者接受。

第八章 对于新闻翻译与叙事的思考

第一节 新闻翻译与叙事的不同角度

一、社会意识形态角度

意识形态是一定社会和文化的产物，是与一定社会的经济和政治直接相联系的观念、观点和概念的总和，包括政治、法律、思想、道德、文学艺术、宗教、哲学和其他社会科学等意识形态。

意识形态对译者及其翻译策略都有很大的影响。这是因为，翻译不仅仅是文本间的信息转换，同时也是受外部力量支配的话语活动，必然牵涉到双重的意识形态。对任何文本做研究，都不可能仅仅停留在语言的层面，必须考虑其意识形态等诸多因素，因为任何人的存在都有一定的时间性和历史性，原著的产生本身就会打上权力话语的烙印。根据这一理论，翻译是一种双重权力话语制约下的再创造活动。那么，对于同一事物，在不同语境制约下就应有不同的说法，从翻译角度而言，就须改译。改译可小到词语，大到语段。而为服从特定的政治语境，在翻译时可对原文内容做一定程度的改变或在形式上做重大调整，以适应译入语国家和读者的政治语境和文化背景。

新闻作为一种传播媒介，反映一定社会上层建筑的意识形态，并为一定的阶级利益服务。由于不同社会制度的国家之间存在着意识形态方面的巨大差异，新闻用语也有很大差别。虽然我们所说的意识形态，并不只局限于我们平时所说的政治因素，但在新闻翻译中，体现最为明显、需要译者最为谨慎处理的就是翻译的政治因素。在新闻翻译的整个过程中，译者从选材到翻译策略的运用无时不受到意识形态的指导。这种指导有时是无形的、隐蔽的，有时却是旗帜鲜明的，通篇流露出意识形态的痕迹。

长期以来，东西方由于社会制度不同，意识形态的差异也是根深蒂固的。西方社会崇尚资本与自由市场，视共产主义与社会主义为洪水猛兽。在新闻翻译中，对于一些有害于本国读者思想健康，甚至是政治上反动的内容，可直接删除。目标语文化语境中的社会、政治意识形态极大地决定着译者对原作内容的取舍。

意识形态的差异还体现在一些政治敏感事务的不同立场和表述，在我国对外发布的外文新闻中，在遣词用语上要能明确表示我国政府的立场。由历史和文化背景等造成的意识形态的差异也需要译者加以重视。在对外新闻报道中，要尽量对一些具有我国特色的专有抽象名词进行特别说明。如"三个代表"重要思想如果只是译成"Three Representatives Theory"，而不加以额外的说明，就有可能让很多外国读者觉得莫名其妙。

意识形态是植根于一定的社会和文化的。任何阶级都不希望引进与本土的意识形态有冲突的异域文化。两种文化的交流，背后都是意识形态的对抗。西方有着其自身政治文化意义上的价值观念和道德标准，会以西方国家人的眼光来观察、判断和分析中国的事务及其新闻报道，我们也不必强求他们和我们一致，只能严格细致地在新闻翻译工作中坚持我们自己的尺度和标准，捍卫我们的立场和价值观，不给别人以可乘之机。

总之，译者不是在真空中进行翻译的，而是在特定的社会意识形态氛围中进行翻译的。译者在翻译过程中，要考虑本国上层建筑的需要，灵活处理有关言辞，以使译文符合本国的社会政治及文化语境，即不与社会的主流意识形态产生冲突。

二、批判话语角度

批判语言学这个术语由英国语言学家罗杰·福勒等学者于1979年在其主编的《语言与控制》一书中首次提出。在不到30年的时间里，这门学科分支得到了蓬勃发展，它坚持以语言学为主体，以系统功能语法等语言学理论为工具，通过对大众语篇，如电视、广告、报刊、官方文件等的分析来揭示意识形态对语篇的影响和语篇对意识形态的反作用，为社会语言学和话语分析的发展提供了新视角和新方法。批判话语分析通过分析语篇的语言特点和它们生成的社会历史背景来考察语言结构背后的意识形态意义，进而揭示语言、权力和意识形态之间复杂的关系，提高人们的批评阅读能力。因此，新闻译者的批判话语视角和本章前一部分讨论的意识形态视角密不可分。

批判话语分析特别强调对语篇生成和社会历史背景的考察，并把注意力主

第八章　对于新闻翻译与叙事的思考

要放在发现和分析语篇中那些人们习以为常而往往被忽视的思想观念上，以便人们对它们进行重新审视。带有某种意识形态倾向的意义或信息经常通过语言手段隐含在语篇中成为常识性的背景知识，一方面引导语篇生成者以特定方式来描述，另一方面引导读者以特定方式来理解语篇，从而使意识形态具有无形的性质。

这样的语言比较抽象。针对新闻翻译，不论在作为阅读的翻译还是作为翻译的阅读过程中，译者不但要了解语言层面上的意义，还要辨别超越语言的种族、性别、阶级、国家等因素的影响和它们在源语文本中的体现，更要考虑这些源语文本信息是否（全部或部分）能被目标语（主流）文化所接受。关于后者，批判性话语分析可以给广大翻译工作者提供更为具体的启发和帮助。

根据批判语言学的观点，语篇中的意识形态意义并不完全是发话人有意识要表达的，相当一部分源于语篇体裁或语篇类型的意义潜势，这种意识形态意义往往是说话人受文化背景、所受的教育、所处的社会阶层或地位、所从事的职业和所代表的利益等因素的影响而不由自主地或无意识地表达出来的。这也恰好反映了意识形态潜移默化地塑造人的强大威力，而这种威力是在人的社会化过程中通过语言和语篇发挥作用的。

因此，译者在阅读和分析原文时，就要有意识地将这种隐蔽的意识形态意义挖掘出来。具体来讲，新闻翻译工作者可运用新闻语篇的批判性分析方法来解读原文，通过语言分析来揭示新闻话语或语篇中含而不露的意识形态意义及其与社会结构的关系。

我们来看美联社基于 2009 年 1 月 30 日的一篇新华社报道而采写的新闻。新华社原稿为：

"鸟巢"未来 3 到 5 年经营项目确定　以旅游接待为主线　新华网电

30 日，记者从"鸟巢"运营方了解到，未来 3 至 5 年内的重要经营项目已基本确定，将继续以旅游接待为经营主线，对配套商业设施进行整体开发，建成一站式娱乐购物的商业综合体，同时将突出体育赛事及文艺演出。

"鸟巢"的总建筑面积达到 25 万平方米，仅卫生、安全、消防、维护这些直接成本一年不会少于 6000 万元。按照运营方最初的规划和测算，"鸟巢"的成本回收期大约为 14 年。这对于只有 30 年经营权的运营方来说更是前途未卜。

目前，"鸟巢"运营方已组织起专业化的运营团队，负责"鸟巢"的管理。据介绍，3 至 5 年内，"鸟巢"将继续以旅游接待为经营主线，对配套商业设施进行整体开发，建成一站式娱乐购物的商业综合体。同时，引入体育赛事及文艺演出，进一步培育和提升品牌，并以多种形式扩大无形资产价值。

据悉，按照这一规划，"鸟巢"已接连举办多场大型活动，不久后还有国际知名的体育赛事及具有较高艺术性和欣赏性的大型文艺演出。目前，有三到四场超大型表演活动正在商谈中。

美联社于当日据此发表了一篇新闻：

Beijing's Bird's Nest to anchor shopping complex

Friday, January 30, 2009

BEIJING (AP)—The area around Beijing's massive Bird's Nest stadium will be turned into a shopping and entertainment complex in three to five years, a state news agency said on Friday.

Officially known as Beijing National Stadium, the showpiece of the Bejing Olympics has fallen into disuse since the end of the games. Paint is already peeling in some areas, and the only visitors these days are tourists who pay 50 yuan (Dh 26.85) to walk on the stadium floor and browse a pricey souvenir shop.

Plans call for the $450 million (Dh 1.65 billion) stadium to anchor a complex of shops and entertainment outlets in three to five years, Xinhua News Agency reported, citing operator Citic Group. The company will continue to develop tourism as a major draw for the Bird's Nest, while seeking sports and entertainment events.

The only confirmed event at the 91,000-seat stadium this year is Puccini's opera Turandot, set for Aug.8—the one-year anniversary of the Olympics' opening ceremony. The stadium has no permanent tenant after Beijing's top soccer club, Guo'an, backed out of a deal to play there.

Details about the development plans were not available. A person who answered the phone at Citic Group on Friday said offices were closed for the Chinese New Year holiday.

A symbol of China's rising power and confidence, the stadium, whose nickname described its lattice of exterior steel beams, may never recoup its hefty construction cost, particularly amid a global economic slump. Maintenance of the structure alone costs about 60 million yuan annually, making it difficult to turn a profit, Xinhua said.

首先要指出的是，由于中外大众媒体运作方式的不同，美联社或《纽约时报》这样的西方媒体几乎不会直接翻译中国新闻机构的稿件，而一般采取引用新闻来源、转述并进行延伸报道，而我国媒体则偏向于编译外电。

新华社的这篇稿件本意是为了强调"鸟巢"经营方积极努力探索经营模式

来提高这个国家体育场的可持续的运营维护能力,既实事求是地摆出了鸟巢面临的困难,也报道了管理方确定的经营方针,客观上起到了为"鸟巢"吸引更多游客和商业伙伴的宣传作用。而反观美联社的报道,第二段说了该体育馆在奥运结束后就"fallen into disuse",并用了描述性的语言形容"Paint is already peeling in some areas, and the only visitors these days are tourists who pay 50 yuan (Dh 26.85) to walk on the stadium floor and browse a pricey souvenir shop."。报道者在一个句子中就用了"peeling, only, pricey"等词,似乎"鸟巢"呈现的是一片破败荒凉的景象,具有明显的贬义味道。

三、译者角度

在新闻翻译中,译者是译语新闻的创作者。但新闻译者的角色和文学译者的角色有所不同。如果说文学译者会在翻译中或多或少地展现个人的品位和特点的话,新闻译者却代表着某个媒体、利益集团,或者国家的视角和立场。文学翻译的译者在作品上署名,对译作享有著作权,而新闻翻译的译者署名与否却不是十分重要,他们的个人身份隐藏在媒体的名头之下。但这并不是说新闻译者的身份完全隐身,译者的视角和个性依然渗透在翻译的全部过程中。

虽然说翻译是译者"戴着镣铐在跳舞",而新闻译者的自由度尤其有限,但是译者主体性对翻译的介入和译者自身视角对翻译的影响无处不在。在新闻翻译的语境中,译者的自由度相对来说可能会更低,但同样因为新闻翻译的特殊性,对文本总是采取诸如解释、增删、改编、改写等方法进行翻译,其中语言表述的改变以及文本视角的微妙变化都得依靠具体的译者来完成。一般情况下,译者对读者的关照体现在尽量用自己认为最好的方式对新闻内容进行重新表述,即不同的译者难免会用不同的风格和方式来报道同一个事实。

总的来说,译者的立场、译者对某种社会文化价值特别的推崇和关照、译者的职业态度和水平都会对翻译活动产生影响。

四、编辑角度

新闻编辑工作就是报纸、广播、电视、期刊、网络等大众传媒对被传播的新闻进行策划、选择、整理、加工的一系列工作。一般认为,新闻编辑工作包括宏观编辑业务和微观编辑业务,具体地说包括策划、编稿和编排三大部分。新闻稿件在其初始形态时未必符合发表或播出的要求,只有经过了编辑人员的审改、整理、加工等一系列工作,才能把它们转换为能够进行传播的产品。新闻编辑的直接对象是已经成文的稿件,其工作就是对稿件进行把关,编排播发，使之符合传播者自身的需要以及各类或特定受众的需要。作为新闻编辑，需要具备一定的修养和能力，这包括"政策理论修养、知识修养、职业道德修养，发现能力、策划能力、创新能力、组织能力、写作能力、现代化操作能力"等。

新闻翻译中的编辑与翻译你中有我，我中有你，密不可分。新闻翻译的工作对象不是原始形态的新闻事件，而是已经发表的源语新闻稿件。在一般的新闻传播过程中，记者和新闻编辑各司其职，通常是记者提供自己创作的新闻稿，然后由编辑根据一定的原则、标准和目的来编辑，之后才能呈现给公众。而在新闻翻译中，译者通常同时承担着用目的语译出译语新闻稿件并对之进行编辑的任务。在新闻翻译的实践中，编译是被新闻媒体广泛采用的主要方法。在翻译新闻的同时对它进行编辑，最终只有一个目的，就是让它能更好地在译语国家或地区进行传播，让译语读者能更加轻松地进行阅读和理解。

在新闻翻译中，编辑/译者的视角对新闻翻译的介入主要表现在对源语新闻的选择和在翻译过程中的具体处理上。对源语新闻的选择首先是决定对某则新闻的取舍，即编辑/译者先要判断某条具体的新闻是否具有通过翻译进行二次传播的价值，通常会根据新闻本身的新鲜程度、媒体的具体需要等来进行综合考虑。新闻本身的时效性是重要的标准，但编辑/译者同样也会考虑到新闻的内容、风格等是否与媒体自身的风格和特色相匹配。以播发严肃的时政经济新闻为主要特色的媒体肯定不会花大量的精力去编译一则娱乐性很强的新闻。在选取了需要翻译的源语新闻之后，编辑/译者进行具体的翻译转换，此时需要考虑的是如何根据译语读者的阅读习惯、兴趣焦点来有效地重现新闻的中心思想、主要观点和主要信息。

以下面一则英语新闻的翻译和编辑为例。

例如：

Saving China's Past

For years, Beijing has razed its landmarks to make way for rapid expansion. Now, the ancient center—along with other Chinese cities—is trying to protect what's left.

After decades of destruction of ancient landmarks and centuries-old homes, a new movement is taking hold in China: historic preservation.

Taicheng, a small city in the Guangdong Province, is restoring old family dwellings and ancestral temples. China's northern metropolis, Harbin, is working to save early 20th-century, Russian-influenced stone and wood buildings, repointing brickwork and reaffixing frieze work facades. In response to citizen pressure, Jinan, a sprawling agricultural center on the North China Plains, has preserved 18th-century waterfront pavilions and one-story buildings, previously scheduled to be torn down and rebuilt in a pseudo ancient style.

（本文来源：《华尔街日报》）

译文：

中国古建筑保护终于迎来春天

几十年来，中国的古建筑和有数百年历史的老宅院屡遭破坏。而如今在中国掀起了一场新的运动，那便是保护历史遗迹。

在广东台城，古老的民居和祠堂正得到修缮。在北方，黑龙江的哈尔滨也在大力挽救20世纪初叶建造的俄罗斯风格石木建筑，对砖结构进行修补，加固图案精美的外立面。山东济南将18世纪的滨水亭台和平房保留下来，放弃了将这些建筑拆除后以仿古"赝品"取而代之的计划。

源语新闻是2008年3月15日刊登于《华尔街日报》的一篇文章，题为"拯救中国的过去"，报道了中国在保护历史遗迹方面的一些新举动。该文被3月17日的《参考消息》转译刊登。新闻原文和译文在主要观点和信息方面都相当一致。但是新闻的标题、导语，以及开篇第二段在翻译成中文时有了较大的改动。原文的导语是"多年以来，因为城市快速扩张，北京夷平了不少标志性的历史建筑。如今，这个古国的中心，正和中国的其他城市一起，努力保存残余的历史建筑"，这段导语在翻译后的新闻中不见了。标题"拯救中国的过去"变成了"中国古建筑保护终于迎来春天"。英文稿通过导语和标题所指出的事实，也就是新闻的中心思想"中国的过去（历史建筑）被过度毁坏，目前正在拯救中"，在中文译文中被悄然转换成了"中国的古建筑将会有更好的明天"。虽说从英文原稿中也能解读出"中国的古建筑将不会再遭到任意拆毁"的暗语，但从整篇文章来看，仍是严肃沉闷的。而翻译稿的标题却是明快上扬的。这与编辑所采用的宣传立场不无关系。

在源语语境中独特的报道习惯往往也会自然地被编辑转换成符合译入语语境的陈述方式。从编辑的视角来看新闻翻译，当然还包括对翻译后的新闻进行辞章修饰；从美学的角度来看新闻翻译，应考虑文章的篇幅与版面的匹配问题，同时从效果出发斟酌是否保留原文所配的图片等技术方面的问题。总而言之，编辑不仅仅要关注新闻的内容、效果，还要关注新闻报道作为产品在媒体上所展现出来的面貌。

第二节 新闻翻译与叙事的前景与展望

在当前信息化的背景下，我们应该看到新闻翻译与叙事的网络化趋势。下面对此进行简要的分析。

一、新闻叙事网络化趋势

（一）关于机器发展的思考

传播学中有"涵化理论"，认为人在被媒介潜移默化地"培养"和"引导"。但是人在其中也许并不是一个完全被动的角色，人不仅被技术驯化，技术也在被人驯化，这是一个互动的过程，是一种合谋，即布尔迪厄所谓"象征性暴力"。施暴者和受虐者都处于自然而然的行为中，根本意识不到"暴力"的存在。

在运用地图软件导航时，必须熟悉它的语言规则才能顺利到达目的地，当你即将经过一个路口，它指导你向"左前方"行驶，到底驶向"左边的前方"还是"前方的左边"呢？前者意味着向左拐，后者意味着直行，如果不明其意，则很难正确行驶。类似的例子非常多，机器最初是按人的思维来设计的，但是随着人机关系的不断深入，使用者的思维模式将会越来越被"驯化"成机器想要他理解的思维模式，在这种情境下，人机能否好好相处，直接影响到用户目标的达成。

过去，我们只需要重点处理好三种关系：人与自己的关系、人与他人的关系、人与自然的关系。现在及未来，我们还需要面对第四种关系——人与机器的关系。随着互联网对人类生活的渗透，我们越来越趋向于媒介化生存，我们对任何关系的处理都将通过人机关系的处理来达成，如何处理人与机器的关系将成为我们时刻应该思考的关键性命题，人机关系也将成为人类社会最根本的、最关键的一种关系。

事实上，人类的发展史实际上也是一部机器进化史。人类发展到每个新的阶段，都伴随着大量新的工具和机器的诞生与普及。人类依据自身的需要，结合生产或战争中的经验，凭借自身的智力与创造力，通过不断创造各类工具、机器和武器来实现生产力的解放，获得更为强大的征服自然与世界的能力。如人类发明指南针以掌控方向，发明电报、电话以增强交流沟通的能力等。

第八章　对于新闻翻译与叙事的思考

纵观历史，人类实现了石器时代、冷兵器时代、火器时代、蒸汽时代、电气时代、信息时代等一系列里程碑式的跨越。每一次的跨越也是一次工具的进化过程。借由这种不断迭代的工具进化及与之相应的人机协作，人类将自己的活动由地面拓展到太空、从现实世界拓展到虚拟世界。计算机技术、信息技术逐步发展起来之后，人类社会的发展速度也越来越快，著名的摩尔定律揭示了人类信息技术的发展速度呈指数函数增长（集成电路芯片上所集成的电路数目每隔 18 个月就翻一番）。计算机技术与信息技术已经向地球上几乎所有领域延伸渗透。

（二）互联网新闻叙事的升级

在新闻叙事领域，使用机器（软件与算法）采编新闻已经不是什么奇怪的事情，对于格式化的新闻如天气报道、财经报道、体育赛事、地震消息等，采用新闻机器人编写与发布是非常准确和便利的。已经有越来越多的机构采用机器人代替人类进行新闻线索采集、内容编辑和特定主题的数据分析，而且机器处理的准确度和质量要比人类高很多。成立于 2007 年的 Automated Insights，2014 年时已经提供了 10 亿篇以上的文章和报道；2015 年 9 月，腾讯推出名为 Dreamwriter 的自动化新闻写作机器人；2016 年 6 月，第一财经与阿里巴巴联合推出智能写稿机器人"DT 稿王"；2016 年 8 月，今日头条推出 AI 机器人"张小明"，进行奥运新闻报道……2016 年 1 月，有报道称马萨诸塞大学阿默斯特分校的人工智能算法，在 53 场美国国会议员讨论会的 4000 个演讲片段中，选取并拆解了 5 万个句子（平均一句话 23 个单词），模仿其中的语气撰写了足以以假乱真的演讲稿：

议长先生，多年以来，本分但是不幸的消费者们有能力申请破产保护，最后也能合理而有效地清偿债务。这套系统采用的方法应该是这样的，破产法院会评估各种情况，包括收入、资产和债务，来决策哪些债务应该得到偿还，以及如何让消费者重获新生。请支持和维护他们的成长和机会，请通过这项法案。

目前，人工智能虽然在自然语言、机器翻译上存在一定缺陷，比不上人类，但是在数据处理、阅读和查询选择方面，有着无与伦比的优势。网络爬虫在一个晚上可以持续"阅读"数以亿计的网页，而且可以 7×24 小时连续工作不休息，更为重要的是，对于媒体来说，人工智能工作的成本极其低廉。

"工欲善其事，必先利其器。"新闻媒体在竞争环境中若不善用机器，则意味着主动退出历史舞台。新闻机构应该成立自己的数据中心，并且不断积累新闻素材；应采用各种技术手段尽可能地获取用户支持；必须改革现有的组织机构、管理手段；必须开发新的工具和机器，并提高自己的竞争力。

就监管机构而言，其在新时代的新闻监管、维护社会稳定和国家安全方面起着重要的作用，工作任务日益繁重，对恶意与敌对内容的监测与预防也变得越来越有挑战性。所以，对于新闻叙事的监管单位而言，更加需要提高自身的技术能力、研发更高级更有效的工具，以确保既能减少有害内容的生产和传播，同时又不妨碍健康内容的生产与传播。新闻叙事的从业人员，应该在自己专注的领域利用机器的优势提高自己的核心竞争力，通过服务机构的工具的使用，积累和发现与自己专注的领域相关的素材和内容。

同时，无论是新闻叙事机构、新闻监管机构还是从事新闻叙事的个人，都面临着一个不可避免的矛盾——技术的快速迭代和自身学习能力与精力的矛盾。这种矛盾代表着持续的挑战和冲击。新的机器会不断出现，不能满足时代需要的机器最终会被淘汰，如果不迅速完善自身的知识体系和能力体系，将面临生存和发展空间被挤压，甚至被淘汰出局的危险。

总体而言，在新闻叙事领域，机器的大规模运用势不可挡，但是机器更擅长处理重复性的程序化事务，目前这个阶段，在创新、情感、自我意识等方面以及最终决策等领域，机器很难替代人去完成。新闻叙事者应该充分利用机器的优势，同时在机器不擅长的领域不断强化人的优势，做到扬长避短、终身学习，以求达到更高层次上和谐的人机关系。

（三）媒介生态的变化之快

什么是相对不变的？人类的需求总是不断改变的，传媒技术的发展也随着人类的需求而不断发生改变，媒体在历史的长河中经历了一次次的优胜劣汰。微观来看，每一种媒体都在不断发生演变，但是若跳脱出当前复杂的表象，从整体的媒体发展史的视角来看，仍可发现一些规律性的因素。技术变迁中的信息传播，不过是历史一次次将自己"转推"的过程，体现了历史的重复性。

1. 新媒体离不开老媒体这一基础

新媒体是基于老媒体在一段时间内的连续演变的产物，会保留本质。媒体用于传播信息的核心职责在自身演变的过程是不会改变的，但是其表现形式和功能会不断变化。无论人如何进化，都不会没有四肢和眼睛，所以只要人依旧需要通过视觉、听觉、味觉、触觉感知外部世界，通过声音和图像表达自己。无论媒体如何变化，都会服务人的核心职能，从这个意义上说，媒体没有新旧之分。

第八章　对于新闻翻译与叙事的思考

古代城墙上的涂鸦，不论是谁，想写就写；手写时代的信件，在传阅过程中留下各种批注和评论……这些都非常类似于今日的点赞、推荐、分享、吐槽、段子等传播形式，不过是之前的传播方式没那么便利而已，后来技术的发展为这种交互提供了很好的平台，使传播突破了时间和空间的限制，也突破媒介形态的限制，但是其交互的内在动因与逻辑是一致的。

18世纪的咖啡馆就如今日的虚拟社区，大家平等地讨论和交往。在这些咖啡馆里，无论一个人地位如何，都不必为地位高的人让座。又如20世纪初的无线电交往，因为没有解决调频的问题，很多业余无线电爱好者和实验者都在电波上进行交谈，各个无线电台之间经常干扰，并严重阻碍紧急呼救信号。这正如今日线上交流，各种信息真假莫辨，也会干扰到正常的沟通。

社交媒体其实和传统媒体一样，依然可对用户进行集中控制，且极易形成圈层化现象。人们偏好于沉浸在和自己兴趣、价值观相投的圈子，偏好于相信自己所愿意相信的真相，因而极易陷入信息茧房，并受制于其中的意见领袖。同时，社交媒体提供了诸如"屏蔽""拉黑""私人定制"等技术便利，因此，在这种情况下，信息传播要想溢出圈层特别难，表面看起来相互融合的互联网世界实际上被分割成一个个孤立的空间，身处空间中的用户极易被控制。

2. 不同时期都有新的传播方式

任何新的传播技术的出现，都会给人类社会的发展带来极大的影响。纵观人类社会的发展历程，传播媒介的发展速度也呈指数级增长，同时紧跟的是人类对新的传播技术和传播方式的反思。离散的时间轴上的技术变革，驱动着传播方式不断变革。反思，是创新的动力，也是新的传播方式出现的关键促发因素。

知识精英似乎有着永恒的抱怨，在初具公共空间雏形的咖啡馆流行时，他们便抱怨：咖啡馆的讨论有何作用？如同我们今日抱怨微博、微信的讨论有何用。那个时代，大批的大学生整日沉浸于咖啡馆，精英分子指责他们光交往不干活，思考不深入，讨论质量低，认为他们将时间浪费在虚拟的亲密上。今日，同样有精英分子指责碎片化的传播挤占了深度思考的空间，要求沉迷于社交网站聊天的人们摆脱网瘾，投身社会实践。

无线电诞生时，线上的信息交往一片杂乱，引发人们对无线电的批判；电视诞生了，又因为其强大的传播能量和声画合一对大脑的侵蚀，人们批判它让人丧失思考——"娱乐至死"；互联网诞生后，信息传播更为复杂多变，也对人类的生活方式产生了颠覆性的影响，于是，又开始了对互联网的批判——"惊诧至死"。

可见，不同历史时期都有对新的传播方式的反思。反思之后，曾经被妖魔化的技术后来都成了健康的传统技术。基于特定历史时期的人的思维习惯与生活方式，在新技术刚刚出现时，会有一个相互调试直至彼此适应的过程。新的传播方式会对传统形成挑战，当电子阅读替代了纸质阅读，当键盘输入替代了手写记录，当语音输入替代了键盘输入，思维方式也要随之改变，人类会下意识地去保卫原有的文化阵地，对改变所带来的负面效应保持着足够的敏感和警惕。随着时间的流逝，当技术的进步趋势无可逆转，人类便会坦然接受这种改变，而与此同时，人们会惊奇地发现，他们早已不知不觉用新的习惯取代了旧的习惯。

3. 新闻叙事内在规律不变

媒介技术的进步使得各种符号能够同时参与到新闻的叙述之中，新闻叙事的"能指"变得极为丰富，新闻叙事的方式不断更新，从而带给受叙者非常丰富的视听体验。然而，新闻叙事终归是叙事的一种，也终归是一种作为新闻的叙事，那么，不论其外在形态如何变化，总要遵循"新闻"与"叙事"的内在规律。

首先，新闻叙事是"作为新闻的叙事"，必然遵循新闻传播的逻辑。因此，不论新闻叙事方式如何改变，政治、经济、新闻专业理念、媒介技术等因素依然是未来媒体内容生产和叙事变革背后的运行逻辑。从政治层面来说，新闻叙事的价值诉求是不变的，在中国特色社会主义环境下，不论新闻叙事形态如何变化，维护主流媒体在舆论场的主导地位始终是其价值诉求；从经济层面来说，新闻叙事生产的变革一定要面向市场，要适应媒介经营管理的大环境；从新闻专业理念层面来说，严肃意义上的新闻叙事，公共性是其核心和灵魂，其功能体现为启蒙民众、监督权力、提供论坛，不论商业模式如何改变新闻叙事形态，都不可能消解新闻叙事的核心与灵魂——公共性；从媒介技术层面来说，技术始终与新闻叙事相互妥协与适应。

其次，新闻叙事是"叙事的一种"，必然遵循叙事的逻辑。因此，不论新闻叙事方式如何改变，新闻本质上是在讲一个故事，因而也必然可以还原为一种"线性"文本，否则，受叙者无法对其"叙事化"，新闻最核心的"事件"也无法呈现。那么，作为网络时代最为重要的新闻叙事形态——融合新闻也应如此吗？有学者曾以融合新闻的经典作品《雪崩》为例，指出融合新闻本质上仍然是一种"线性"文本，并遵循"以时间为主、以空间为辅"的叙事逻辑；认为多媒体信息在内容上应当以简洁为主要原则，按照一定的顺序和逻辑合理安排文本，完美地配合读者的阅读节奏。从这个意义上来说，网络新闻叙事对整体线性逻辑的追求是为了更好地实现其存在的根本价值。

第八章　对于新闻翻译与叙事的思考

4. 以新闻事实统领叙事形态与体验

不同的媒介技术应用于新闻叙事，于叙事者和受叙者都会带来不同的体验，尤其是近些年兴起的 VR、AR、MR 等技术，将新闻叙事场景化、情景化、感官化。但是，这些技术对传统新闻叙事的改变也仅限于此，其功能主要体现在提升新闻叙事的丰富度和受叙者对新闻感知的效度，是在原有叙事基础上的"弥补"或"增强"，但它不可能改变新闻事实本身。VR 技术目前主要旨在弥合传统电视/视频新闻报道所固有的一些缺陷，并进一步吸引受众的注意。而传统电视/视频新闻的基本叙事框架并没有被打破，而是被进一步全面挖掘。不论叙事的体验如何丰富，叙事总有一个最根本的逻辑起点，那就是"讲故事"，新闻叙事尤其如此，以"不变"的新闻事实统领"万变"的叙事形态和叙事体验。

以 VR 电影为例，这种新的技术形式的兴起，能替代性地改变电影的叙事方式，从而重构电影产业的技术力量吗？比如，将平面的时间轴变成 360°的三维空间，必然引起叙事语法的变化：取消了导演视角，增加了交互的维度，从而改变了电影的固定时长。但目前来说，这些变化都是营销噱头，只是改变了电影的体验，而不是电影的语言。

总之，基于互联网的传媒生态格局的重构，既代表着多维度的深远的变化，同时又在许多方面表现出对历史规律的回归。尽管新闻叙事的表象千变万化，但是我们依然在文本中保持着对文字的敬畏，对用户尊重的那一份优雅，以及对真实情感的追求。"变"是前场，"不变"是后台；"变"中隐藏着"不变"，"不变"助推着"变"的可能；"变"是昂首前进，"不变"是以退为进，二者彼此交际互动，共生共荣。

二、今后的研究方向

部分学者对于叙事学视角下的新闻翻译进行研究，本书也尝试对其进行了分析，但是也还存在着一些不足和局限。需要认识到，在经济全球化背景下，我国政府有着强烈"走出去"的内在愿望，国际社会也有了解中国的热切需求，同时，广大人民也十分关注国际时事、国际局势等。因此，展开新闻翻译研究尤为必要。如今新闻翻译研究尽管取得了一些成绩，但是也存在一些问题，具体如下。

首先，在理论研究上，新闻翻译中大多数研究仍旧停留在随感式的经验总结上，已有的理论研究也多是套用"译入翻译"理论，缺少兼顾宏观和微观、理论与实践，符合新闻翻译特点的系统性、深层次、跨学科的"译出翻译"理

叙事学视域下的新闻翻译研究

论成果。其次，在研究手段上，新闻翻译目前大多是采用定性分析的实证研究，很少利用较为先进的语料库进行定量分析，研究手段比较单一。

实际上，叙事是讲述"我们赖以生存的日常故事"，而新闻翻译是用世界接受的语言向国际社会讲述中国故事。叙事学和新闻翻译的确存在交集。可以说，叙事学是新闻翻译研究可以借鉴的理论之一。

借助研究，笔者认为，在译前的叙事选材中，新闻译者应在叙事框架下，兼顾叙事赞助人的意识形态、叙事接受者的接受需求和对外传播规律，做到三者的有机统一。在译中的叙事建构中，新闻译者应从微观的文本层面（叙事时间、叙事视角、叙事结构）和宏观的意识形态层面（时空建构、文本素材的选择性采用、标示式建构、参与人的再定位）进行再叙事协调，其目的是在文本层面架设桥梁，进行叙事交流，在意识形态层面设置藩篱，进行叙事竞争。在译后的叙事接受部分，新闻译者要根据叙事接受者的差异、新闻翻译的双重属性，采取"归化""异化"二元并存的翻译策略，适度使用"中国式英语"，同时面向叙事接受者，采用删减、增添和重构等"编译"手段，以切实增强新闻翻译的叙事接受效果。

今后相关学者可以从以下几个方面进一步开展相关研究。

一是在资料收集的范围和广度方面进行拓展。很多时候，翻译者在进行翻译这一活动的时候用的都是一些纸质化的材料，这些导致材料的范围受到限制。在信息化时代，新媒体在信息更新方面十分迅捷，因此，在收集资料的时候应该紧随新媒体的发展步伐，积极运用更多的材料。

二是注重自身运用的研究手段。在新媒体时代，学者可以接触到的手段和方法是日益多样化的。因此，学者不能将自己的视野局限在有限的范围内，还需要切实跟随时代的发展。学者在研究时可以结合新媒体手段整合多种资料，在分析数据时可以运用更多的工具。

三是认识到新闻翻译的结果重在传播。这就要求学者不能忽视对传播结果的分析。在分析的过程中，学者可以借助新闻研究机构进行深入的调查和研究，这样才能得到更好的分析结果。

四是认识到叙事学和翻译学虽然是两个独立的体系，但也有着融合的部分，学者在进行研究的时候应该切实找准两者的结合点。

参考文献

[1] 程墨芳. 从 Baker 叙事特征因果情节设置看新闻翻译中译者主体性的建构[J]. 渭南师范学院学报, 2017, 32（18）: 81-85.

[2] 郑欣蕾. 英汉新闻互译中的文化因素考量[J]. 辽宁教育行政学院学报, 2017, 34（04）: 89-92.

[3] 陈颖. 从 Baker 叙事角度探究新闻翻译中的建构[J]. 海外英语, 2016（03）: 95-97.

[4] 郑凌茜. 国内外新闻翻译研究的文献计量分析（2000—2018）[J]. 天津外国语大学学报, 2020, 27（02）: 64-77.

[5] 彭白羽. 论新闻翻译中意识形态的操纵——从叙事话语的角度[J]. 东方论坛, 2013（04）: 69-75.

[6] 覃斌健, 张美芳. 新闻翻译中的叙事重构: 以斯诺登事件为例[J]. 译苑新谭, 2018（01）: 9-18.

[7] 司显柱, 王敬. 论我国对外新闻话语的翻译策略[J]. 浙江外国语学院学报, 2019（04）: 92-99.

[8] 程维. 跨文化传播视阈下的新闻编译——以《参考消息》防控甲流的几则新闻稿为例[J]. 上海翻译, 2010（03）: 27-32.

[9] 李俊丹. 叙事视角下的涉华新闻编译[D]. 福州: 福建师范大学, 2013.

[10] 陈宇航. 2016 年美国大选新闻翻译实践报告[D]. 合肥: 安徽大学, 2017.

[11] 李新颜. 操纵论视角下时政新闻英语翻译研究[D]. 荆州: 长江大学, 2014.

[12] 胡悦. 变译论视角下环球网时政新闻翻译实践报告[D]. 天津: 天津大学, 2018.

[13] 薛娜. 环球网社会资讯栏目新闻翻译实践报告[D]. 天津: 天津大学, 2018.

[14] 薛婷婷. 我国对外报道新修辞情境理论研究［D］. 上海：上海外国语大学，2011.

[15] 黄君凤.《印度时报》"中巴经济走廊"新闻报道的汉译实践报告［D］. 大连：辽宁师范大学，2019.

[16] 张焱飞.《消息报》上以"中美贸易战"为主题的新闻汉译实践报告［D］. 哈尔滨：黑龙江大学，2019.

[17] 高瑞瑄. NBA新闻编译（六篇）翻译实践报告［D］. 北京：北京林业大学，2018.

[18] 郑佳. 从蒙娜·贝克的叙事理论看《环球时报》"关注中国"栏目的新闻编译［D］. 武汉：华中师范大学，2012.

[19] 张滟甜. 网络媒体新闻翻译项目报告［D］. 北京：华北电力大学，2015.